整体任务问题式学习校本课程开发研究

ZHENGTI RENWU WENTISHI XUEXI XIAOBEN KECHENG KAIFA YANJIU

向佐军◎著

U0813223

華中師範大學出版社

新出图证（鄂）字 10 号
图书在版编目（CIP）数据

整体任务问题式学习校本课程开发研究 / 向佐军著. —武汉：华中师范大学出版社，2022.3
ISBN 978-7-5622-6367-8

Ⅰ.①整… Ⅱ.①向… Ⅲ.①中学历史课—教学研究 Ⅳ.①G633.512

中国版本图书馆 CIP 数据核字（2021）第 098289 号

整体任务问题式学习校本课程开发研究

责任编辑：李宗奇　　**责任校对**：童　雯　　**封面设计**：胡　灿
编辑室：综合编辑室　　**电话**：027-67862387
出版发行：华中师范大学出版社有限责任公司
社址：湖北省武汉市洪山区珞喻路 152 号　　**邮编**：430079
电话：027-67863040（发行部）　　**传真**：027-67863291
网址:http://press.ccnu.edu.cn　　**电子信箱**:press@mail.ccnu.edu.cn
印刷:武汉兴和彩色印务有限公司　　**督印**:刘　敏
开本:710mm×1000mm　1/16　　**印张**:12.5
字数:220 千字
版次:2022 年 3 月第 1 版　　**印次**:2022 年 3 月第 1 次印刷
定价:58.00 元

序　言

《整体任务问题式学习校本课程开发研究》是向佐军博士根据博士学位论文改写的研究成果。2019年，向佐军在浙江大学教育学院完成教育博士专业学习，顺利通过博士学位论文答辩并获得博士学位，之后被华中师范大学引进，承担历史教学论领域的教学与研究工作，现在专著又即将在华中师范大学出版社正式出版。真是多年的辛勤耕耘到了收获的季节，作为导师，我感到喜悦并衷心表示祝贺！

本书是探讨课程开发和教学设计的著作。目前，教学设计和课程开发的理论发展与模式建构正面临着转型的风口。原来一个人的成才平台依次是国家、城市、学校、专业、学科（岗位）。处于底层的学科（岗位）如果缺乏优势，成才（成长）就会遇到很多困难和挫折。但是有了互联网和信息技术，每一个人成才的平台直接就降落到了底层。一个人只要开发好、设计好自己任教的一门课程（学科），那么，就能将影响力远远拓展到他所在的单位、城市、地区或者国家以外的地方。"海纳江河，唯学无际。"这就是我们现在所处的社会境遇，形势喜人，形势也催人奋进。

开发课程和设计教学有许多不同的理论、不同的模式，我们究竟应该选择什么样的理论与模式呢？老办法不太管用了，新办法有没有呢？向佐军博士的著作就是探讨以中学历史教学为例，借鉴新的教学设计（课程开发）模式——综合学习设计（4C/ID），加上问题式教学（PBL）模式，两者整合之后探索出的一种开发课程新方式。

本书总结的研究成果要讨论的问题至少有以下三个，这是当代课程开发与教学设计十分关注的取向。

1. 如何面向整体任务来开发课程与设计教学。原来的课程与教学基本上可以说是片段式、主题式地依次进行学习，等于是做加法，无法举一反三，实现迁移。整体任务问题式学习校本课程开发强调的是，围绕着核心任务滚雪球一样不断地演进，从简单的整体任务到逐渐加大难度和复杂性的整体任务，这样确保学生学到的知识和技能不是零散的、片段的和割裂的。

2. 如何设计高阶能力和综合素养的目标，从表层学习向深度学习转换，在一个真实的任务环境中处理好真实学习、模拟学习和经验学习之间的关系。这就是要强调“心理逼真度”“功能逼真度”和“物理逼真度”之间的合理迭代和转换。精心设计的教学任务，一开始总是心理逼真度比较高，功能逼真度和物理逼真度也许会较低，随着学生技能的增加，再逐渐增加这两方面的逼真度。在第二阶段，学生可以在一个功能逼真度更高的任务环境中继续操练。也就是说，这样的学习环境是一个有互动、对学生的行动能做出反应的环境。在第三阶段，学生的层次越高，就要接触越多的现实任务环境中的细节。最后，到了第四阶段，学生才真正走向现实任务环境，在实际生活情境或者工作情境中完成任务。

3. 如何实现从扶到放的教学。具体来说，教学总体的力度是教师扶持在先，随着学生理解程度的提高和学习能力的增强，逐渐过渡到半扶半放，最后进入教师放手让学生独立完成任务阶段。总的原则是，教师能够不教的东西就不要教，能够让学生互相帮助学习的东西就让学生彼此取长补短来学，需要教师教的东西教师自身就一定不能放弃责任撒手不管。怎样才能做到“定任务”呢？综合学习设计理论研究的一个成果是：学习任务不是孤立的事件，而是在单元中的一组任务序列，也就是将“案例学习任务”看成教师扶持在先的操作标识（即教师“全扶”），将“补全学习任务”看成教师逐渐减少支架作用的操作标识（即教师“半扶半放”），将“独立学习（练习）任务”看成教师放手检验学生是否能够完成独立学习任务的操作标识（即教师“全放”）。

向佐军博士的研究在新的课程开发和学科教学设计方面有突破，言之弥新，言之有理。这是在借鉴国际教学科学和学习科学新的研究成果的基础上本土化应用和创新的一种尝试，虽属初试，但弥足珍贵。我真诚地将本书推荐给广大读者，不仅是推荐给历史教学论的研究人员、教研人员和中小学历史（社会）教师阅读，而且其他学科的教师和教研员、师范院校学科教学论专业和教育学专业的教师和学生都可以从阅读中得到启发和收获。

盛群力

2021 年 3 月 10 日于浙江大学

前　言

在当前的教学实践中，存在较为突出的两个问题，一是学习碎片化问题，另外一个就是学习迁移困难问题。学习碎片化的问题，是指学生学了很多零碎的、重复的、无整体意义的知识，然后无法在学生头脑中构建起整体意义。学习迁移困难的问题是指学生在非真实问题情境下学习，在结构良好的情境下学习后，面对新的、复杂的、非良构的情境，就无法实现知识迁移，无法真正解决问题。

教学设计的目的就是提高教学的效果和效率，而基于教学设计理论的课程开发，就是为了提高整个课程学习的效果与效率，让学习高效且有意义地发生。那么设计怎样的课程，对学生来说既有意义又高效率呢？

基于对解决这两个问题的思考，通过对当代教学设计理论的梳理，我们认为整体任务教学设计是当代教学设计研究转向的重要趋势，即教学设计从关注零散的知识点或一课内容的设计，转向面向真实情境的整体任务设计。另外，在整体任务教学设计的框架中，融入问题式学习，能让学生在真实的整体任务中探讨问题，促进有意义、有效率的学习真实发生。

在此分析基础上，本书首先从理论上论证综合运用整体任务型教学设计的经典模型——四元教学设计（4C/ID）与问题式学习（PBL）这两种当代有重要学术影响力的教学设计理论进行校本课程开发的合理性，在此基础上，构建基于四元教学设计与问题式学习的课程设计开发模型，再应用基于四元教学设计与问题式学习的课程设计开发模型，结合具体的学习资源进行课程设计与开发的实践研究，论证综合运用四元教学设计与问题式学习进行课程开发的现实可行性及需要关注的问题。

整体任务问题式学习校本课程开发是一种在理论上以学生为中心，融合合作学习、建构主义等教学理念的课程设计与开发模型，可以作为校本课程设计与开发的重要参考路径，对学校校本课程开发具有理论参考价值和实践借鉴意义。基于教学设计理论的课程开发是校本课程开发的重要参考路径，值得在研究的理论与实践层面、广度与深度方面进一步推进。

目　　录

绪　　论

第一节　研究缘起、研究问题与核心概念

（一）研究缘起

2003年3月，中国教育部颁布的《普通高中课程方案（实验）》明确规定，普通高中新课程横向结构由必修课和选修课两部分组成，并提出要逐步开设高质量的校本选修课程供学生选择①。开设校本选修课的目的就是让学生有选择地学习，从而促进学生有个性地发展。课程方案出台后，学校就需要按照要求开设数量足够的、学生感兴趣且适合本学校特点的校本选修课程，让学生在教师指导下按照自己的兴趣与爱好自由选择。由此，在中学进行校本课程的开发，对中学教师来说就成了一种新的要求。

在校本课程实践过程中，为了让学生能够有足够多的课程可选择，以达到选修课学分的规定要求，学校动员、鼓励每一位教师都积极参加校本课程的开发、开设。新课程改革十多年以来，校本课程开发已经在量上有了很大的突破，很多学校都开发、开设了校本课程。但是由于缺乏课程开发的理论与实践指导，教师实际上开发出的校本课程并不是很理想。东北师范大学吕立杰等指出，在众多的校本课程开发过程中，普遍地存在一个问题，即学校

① 中华人民共和国教育部．普通高中课程方案（实验）［M］．北京：人民教育出版社，2003：4.

在课程内容上容易简单堆砌，具有很大的随意性，进而影响整个课程的价值效果①。也有研究者通过对某省51所学校（涉及小学、初中、高中）校本课程情况调查发现，学校对校本课程的结构缺乏完整规划，对校本课程的功能还没有一个完整的认识，没有形成完善的校本课程开发策略②。靳玉乐教授也指出，在校本课程开发过程中，即使教师有权决定怎样教，也是难有创新的，改变教学方法是极度困难的，因为这牵涉诸多问题，如教师和学生的角色、学校教育和学问的性质等③。我们也在学校的教学实践过程中发现，教师缺乏课程开发的理论与实践指导。中学教师在此轮新课程改革之前，实际上并不承担课程开发的任务。长期以来中学教师在基础教育中主要承担课程实施者的角色，对校本课程设计与开发者这一新的角色，部分教师觉得还难以很好地适应。另外，当前的中等教育评价体系，对校本课程开发还缺乏比较大的支持力度。开发一门合格的校本课程，需要教师付出较多的时间及精力，而作为必修课的实施者，教师还要完成大量的教学工作，在作为课程实施者的角色中长期形成了固定的工作方式。如果没有足够的时间、精力保障以及有效的培训指导，校本课程的开发也就难以很好地实现。

从校本课程开发的具体形式来看，主要存在以下几种：一是单个教师自主开发，这样的教师通常在某一方面具有较强的能力，且有相应的课程资源支持课程开发；二是教师合作开发校本课程，如有的学校语文教师合作开发阅读课，各自把自己最擅长的一部分内容呈现出来；三是改编、借鉴类型的校本课程，少部分教师缺乏校本课程开发的时间、精力等，就对相关领域的内容进行改编、借鉴。总的来说，当前校本课程开发主要还是基于学科学术内容结构的开发，还少有把学习内容（媒体）和学习基本理论相结合，以学生为中心的校本课程开发模式。当前，在中学校本课程开发的过程中，存在着缺少指导、缺乏动力等问题，校本课程的开发实际上多是对必修课程的简单模仿，对课程开发的具体实施路径则缺乏深层次的思考。崔允漷教授等的调查研究中还表明，在校本课程实施过程中，存在明显的教育思想滞后的问题，有的教师还是以传统的应试方式来评价学生，没有在课程中体现以学生

---

① 吕立杰，袁秋红．校本课程开发中的课程组织逻辑［J］．教育研究，2014（9）：96-103.

② 李秀伟．中小学校本课程开发的异变问题与改进［J］．教育研究，2014（5）：107-112.

③ 靳玉乐．校本课程的实施：经验、问题与对策［J］．教育研究，2001（9）：53-58.

为中心的教育思想[①]。因此，在课程设计与开发过程中，要注重以科学的教育思想为指导。

“比较理想的是，当课程工作者设计某一门课程时，他们应同时根据课程的情况而作出教学设计的决定。”[②] 在传统课程中，课程设计者与教学设计者往往更多只关注自己的领域，使得课程与教学之间存在一条难以跨越的鸿沟。教学设计往往本身并不追求教学具体的目标与内容，主要是从教学方法和教学技术上为课程本身提供支撑，是服务于学生学习课程内容的教学计划和教学活动。课程设计者往往更多关注具体学科课程的目标与内容，对具体的教学设计往往并无过多涉猎。简言之，传统课程与教学的区分是：课程是内容，教学传授这些课程内容，课程与教学各自为政。基于此，本研究试图将课程设计主要关注的几个基本组成部分：具体目标、学科内容、方法和组织、评估与教学设计的理论及具体教学设计模式有机融合。我们认为基于教学设计理论的课程开发将弥合课程与教学的鸿沟。当代著名教学设计专家梅里尔教授针对课程与教学设计的关系提出“教学内容尊为王，教学设计贵为后”[③]。梅里尔强调，效果好、效率高、参与度大的教学要注重运用教学设计的原理来进行课程的设计与开发。

基于教学设计理论的课程开发，其主要的目的就是解决传统课程设计以学科知识逻辑为中心而忽略了学生的问题，实现由学科中心课程设计向学生中心课程设计转变。当然，这种转向并非完全忽视知识逻辑本身，而是在以学生为中心的基础上，注重对知识的整合，并以此结合教学设计理论中的任务设计对知识进行任务设计，从而创设任务情境，让学生在以学生为中心的任务情境中，习得知识，提升能力。以教学设计理论来进行课程设计，是当代教学设计几十年探索研究的重要课题，已经在理论与实践上取得了不少研究成果，特别是在高等教育领域及美国等国家的基础教育领域。本研究试图在对教学设计理论的课程开发研究成果进行梳理的基础上，吸收当代教学设计经典模式的前沿研究成果，构建出新的基于教学设计理论的开发模型，并

---

① 崔允漷．我国校本课程开发现状调研报告［J］．全球教育展望，2002（5）：6-11.

② 艾伦·C．奥恩斯坦，费朗西·P．汉金斯．课程：基础、原理和问题［M］．柯森，译．第3版．南京：江苏教育出版社，2002：249.

③ M．戴维·梅里尔．教学内容尊为王，教学设计贵为后［J］．盛群力等译．电化教育研究，2017（3）：5-11.

对该模型进行实践探索，试图为校本课程开发提供一种新的理论研究与实践探索的视角。

整体任务问题式学习校本课程开发研究将致力于运用教学设计的原理解决当前校本课程开发过程中的问题。我们认为，有意义的学习不是在做任务就是在解决问题，抑或是将二者融合，即在解决问题的过程中完成任务，或者在完成任务的过程中解决问题。当然，这里的任务是指整体任务，而不是零碎的任务；这里的问题也是指结构不良的问题，而不是结构良好的问题，因为结构良好的问题能够很轻松解决，不需要通过设计课程来解决。整体任务问题式学习校本课程开发就是要融合整体任务教学设计模式和问题式学习教学设计模式，通过这两种经典教学设计模式的融合来进行本研究的理论建构，形成新的基于这两种教学设计理论的课程设计模型。突出整体任务教学将有利于解决当前校本课程开发过程中的知识碎片化问题，通过整体任务情境的创设，让学生能够形成整体的认知图式，便于学生形成学习迁移能力。强调问题式学习是为了促使学生在校本课程学习过程中深度思考，培养学生的核心素养。只有通过以问题为中心、以解决问题为途径的教学才能够培养学生应对现实问题的能力，找出解决问题的方案。

校本课程在中国已经历了十多年的发展，基于当前校本课程开发过程的现实，进一步对校本课程开发进行深入研究，总结经验，探索校本课程开发的合理路径，提升教师的校本课程开发能力，更大范围促进高水平的校本课程开发显得迫切和重要。

（二）研究问题

整体任务问题式学习校本课程开发研究，是指综合运用整体任务四元教学设计（4C/ID）模式与问题式学习（PBL）教学设计模式，将二者进行优势互补，融会贯通，形成基于二者的校本课程设计与开发模型，在此模型的基础上再进行中学校本课程“历史思维能力培养”的设计、开发与实施，并通过对研究过程中各阶段情况进行分析，结合理论梳理来探讨运用四元教学设计模式与问题式学习教学设计模式设计与开发校本课程的理论合理性与实践可行性。本研究运用当代教学设计领域经典模型的前沿理论成果，参考其在多领域的实践经验来进行校本课程的设计与开发研究。本研究在进行理论探讨和理论架构的同时，展开应用课程开发与实施的实践研究，研究如何促进具体某一门校本课程的开发。

具体来看，本研究主要关注四个问题：(1) 探讨运用教学设计的理论与模型来进行课程开发的理论可行性，从理论上论证综合运用4C/ID与PBL这两种当代有重要学术影响力的教学设计理论及其模型进行校本课程开发的合理性。(2) 构建基于4C/ID与PBL的课程设计与开发模型。(3) 探讨运用教学设计理论模型进行课程开发的实践可行性，基于4C/ID与PBL的课程设计开发模型，结合具体的学习主题（历史思维能力）与资源进行课程设计与开发的实践研究，论证综合运用4C/ID与PBL进行课程开发的现实可行性及需要关注的问题。(4) 结合实践研究情况的分析，提出校本课程开发的指导性建议。

4C/ID的创始人，PBL的主要推动者和重要研究者，荷兰马斯特里赫特大学学习与教学研究中心教授范梅里恩伯尔在一次慕课视频中指出，要设计基于问题式学习的课程，就要从四元教学设计入手，并提出要设计基于四元教学设计的问题式学习课程[①]。本研究试图通过4C/ID与PBL这两种当代经典教学设计模型的理论对话，并结合对这两种教学设计模型的数十年实践经验的分析，来探讨这两种模型在理论上的一致性和实践上的互补性。我们认为可以通过整合建构新的课程开发模型来使这两种经典模型实现优势互补。

（三）核心概念

1. 校本课程

廖哲勋教授在分析了校本课程的特点后指出，校本课程是以贯彻学校的办学宗旨和促进学生认知、情感与行为协调充分、各有特色的发展为主要目标，以综合性信息和直接经验为主要内容，以学生自主参与的实际操作、评论创作、调查研究、问题探究、社会服务等活动为主要学习方式的[②]。在本

---

① 杰罗姆·范梅里恩伯尔. 问题式学习的原理与设计［EB/OL］. https://maastrichtuniversity.novoed.com/#!/courses/problem-based-learning/home.

② 廖哲勋. 关于校本课程开发的理论思考［J］. 课程·教材·教法，2004（8）：11-18.

研究中的校本课程是与国家课程、地方课程相区别的，是指在学校规划、组织与支持下，教师、学生、家长、社会人士单独或者合作设计、实施与评价的课程。本研究中的校本课程主要指基础教育阶段的校本课程。

校本课程开发可以从宏观和微观两个角度去分析：宏观上是从学校层面架构校本课程的基本体系框架；微观上主要是指开发一门具体的课程，并从理论和实践层面上说明一门课程开发的合理性与有效性。本研究中的校本课程开发着眼于微观意义层面，主要是指在基础教育阶段开发、开设的一门具体校本课程。

从一般意义上来说，在概念的使用过程中，校本课程与校本选修课程意义等同。之所以提出校本选修课程，是因为在实际的课程实践过程中，存在校本必修课程，即学校开发、开设的课程，要求学生必须修习的课程。本研究中的校本课程指的是校本选修课程。

从课程领导层面来看，校本课程不同于国家课程和地方课程，校本课程的领导权力属于学校。其他教育行政部门或者教研部门虽然可以参与校本课程开发，但不应该损害学校的校本课程领导力。李秀伟指出，校本课程开发中要努力解放学校的课程领导力，避免行政性思维主导下校本课程单一化倾向[①]。

从课程开发层面来看，课程实施者应该参与课程的开发，或者课程开发者应该同时是课程实施者。基础教育阶段校本课程的开发，从价值层面来看，不仅体现出课程开发的价值，也应更多关注在课程开发与实施的过程中，教师个体课程领导力的提升。

2. 整体任务教学设计

整体任务教学设计模式的出现是当代教学设计理论实现世纪转型的标志性事件。整体任务教学设计模式聚焦整体意义，其主要特征就是聚焦整体任务。在整体任务模式教学设计中，整体的、有意义的教学任务，被视为教学的驱动力。在教学设计过程中，最开始就是设计容易的整体任务，并以整体任务为支柱，不断地丰富内容，不断地增加任务的难度。在任务难度不断增加的过程中，教师要给予一定的支持信息。

---

① 李秀伟. 中小学校本课程开发的异变问题与改进 [J]. 教育研究，2014 (5)：107-112.

在20世纪80年代末开始转型并且在最近几年逐步得以成熟和完善的整体任务教学设计模式，旨在面向整体任务和解决现实问题开展教学，培养学生的创生性能力与素养。这样一种新的教学设计模式，为设计好的教学环境，开创效果好、效率高、参与度大的课程提供了处方性框架，开辟了新的前景，为当前课程开发提供了一种新的思考路径。

整体任务教学设计模式促进学习迁移。格式塔学派强调经验和行为的整体性，主张从整体的动力结构观来研究心理现象①。格式塔学派心理学家苛勒还通过实验证明了迁移是结构、关系、整体格式的迁移，而非特殊因素的迁移②。该实验从本质上论证了迁移是整体结构的迁移，那么，如果不是整体任务的学习，就会对迁移产生阻碍作用。范梅里恩伯尔对学习迁移也有精彩的论述，他提出了著名的迁移悖论——对实现孤立的、特定的目标来说，最管用的教学方法通常不是实现整合的目标和学习迁移的最好的方法。整体化教学设计方法考虑了如何才有利于解决迁移悖论问题，因此总是指向更一般的目标，而非有限几个十分具体的目标③。

整体任务教学设计模式强化创新思维。格式塔学派代表人物魏特海默曾对思维问题进行过系统的研究，并建议通过把握问题的整体来进行这种思维。他认为，要想创造性地解决问题，必须让整体支配部分。即使在有必要关注问题细节时，也决不能忽视问题的整体。魏特海默还指出，教师在教学中，首要的任务是帮助学生通览问题情境，使他们明白怎样去解决、为什么这样解决问题，争取在理解、领会问题的前提下，产生顿悟，产生创造性思维④。魏特海默认为，要争取在对问题领域的学习的基础上产生顿悟，掌握解决问题的原则，做到触类旁通、举一反三，促进智力水平的提高。

3. 4C/ID模式

4C/ID模式是整体任务教学设计模式的典型代表。4C/ID是Four Components Instructional Design的简称，是一种解决复杂学习的整体教学设

---

① 叶浩生. 西方心理学的历史与体系［M］. 北京：人民教育出版社，1998：420.

② 叶浩生. 西方心理学的历史与体系［M］. 北京：人民教育出版社，1998：444.

③ 杰罗姆·范梅里恩伯尔，保罗·基尔希纳. 综合学习设计［M］. 盛群力等译. 第二版. 福州：福建教育出版社，2015：8.

④ 叶浩生. 西方心理学的历史与体系［M］. 北京：人民教育出版社，1998：445.

计模式，由荷兰教育技术专家范梅里恩伯尔从 20 世纪 80 年代开始研究，并于 1997 年正式提出。4C/ID 模式是运用系统方法分析、设计复杂认知技能的教学设计模式。4C/ID 模式以真实的、整体的学习任务作为复杂学习的驱动力，主要有以下四大要素（如图 0.1 所示）作为其教学设计模式的基础：（1）学习任务；（2）支持信息；（3）程序信息；（4）子任务练习。

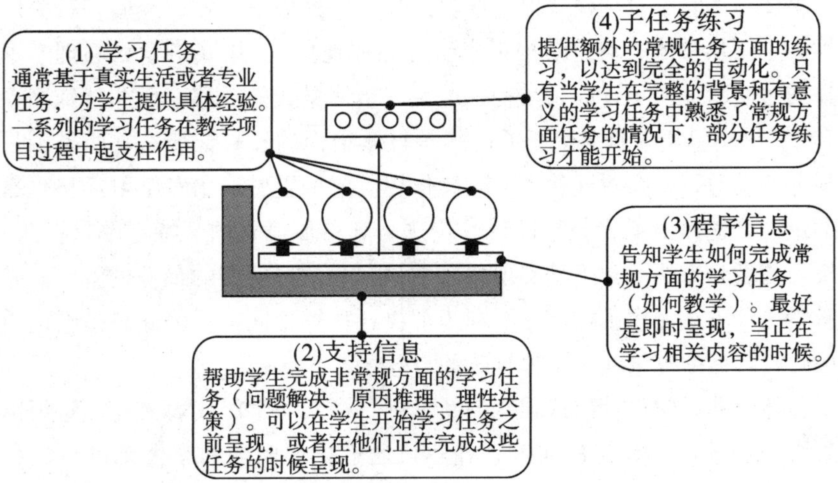

图 0.1　4C/ID 模式的四大要素[①]

该模式与传统教学设计模式相比，具有以下优势：第一，4C/ID 模式聚焦业绩目标的整合与协调。其他传统教学设计模式主要关注知识或者学习内容。第二，4C/ID 模式将教学信息分为支持信息（理论）和程序信息。第三，4C/ID 模式将学习任务分为部分任务和整体任务，并且在设计的过程中将二者结合起来。传统教学设计模式往往要么关注整体任务，要么关注部分任务。

总而言之，4C/ID 模式是一种聚焦整体任务，关注学习的整体意义，注重知识的迁移，主张从学习任务的整体意义出发设计教学的教学设计模式。在设计的过程中，4C/ID 模式主张在开始的时候给予学习者较多的支持与指导，并在之后的学习过程中逐步减少，直到学习者能够独立完成学习任务。4C/ID 模式认为对程序性的任务，要进行专项操练，通过多次的练习达到自动化，从而能够减少学习者的认知负荷，有利于学习者更好地掌握学习的整体意义。

---

① 杰罗姆·范梅里恩伯尔，保罗·基尔希纳. 综合学习设计［M］. 盛群力等译. 第二版. 福州：福建教育出版社，2015：13.

需要进一步明确的是，4C/ID模式本身就是一种课程设计与开发模式。4C/ID模式并不是针对一个个孤立的知识点或者一个个割裂的目标来设计教学的，4C/ID模式一开始就是聚焦整体任务，关注学习的整体意义。因此，4C/ID模式在进行教学设计时，是针对一个整体的教学任务来进行教学设计的，在设计的过程中，需要完成整个教学任务的设计才算是完成一个教学设计。所以，4C/ID模式往往是设计出一门课程，而不是一个课时或者一个知识点的讲授。

4. 问题式学习

约翰·萨弗里对问题式学习的研究进行了回顾，通过对问题式学习的特点进行区别性分析提出了问题式学习的定义。他指出，问题式学习是一种以学习者为中心的教学（课程）设计方法，让学习者掌控学习和研究的过程，使理论与实践相统一，并应用知识和技能去找出特定问题的可能解决方案[①]。问题式学习之所以有效是因为其基于对当前主流学习理论的整合。问题式学习是基于对建构主义、自主学习、合作学习以及情境学习等学习理论整合的基础之上发展起来的教学（课程）设计开发模式[②]。也就是说，问题式学习以建构主义、自主学习、合作学习以及情境学习为其理论基础。

戴安娜·多尔曼教授在一次慕课视频讲座中指出，问题式学习由四个主要的组成部分：(1) 有意义的问题。学习者基于真实的问题展开学习，这些问题源于学习者未来的专业实践。(2) 小组学习。学习者以小组的形式开展学习，通过合作小组的形式讨论问题。(3) 教师作为协调者。在问题式学习中，教师作为协调者来协调和促进小组问题的讨论，调控学习进程。(4) 自主学习。问题式学习需要较多的时间来进行自主学习。四大组成部分构成了问题式学习的内容框架。

约翰·萨弗里还总结归纳了问题式学习的十大主要特征[③]。(1) 学习者需要对自己的学习负责。问题式学习以学习者为中心，当学习者在问题的情

---

① SAVERY J R. Overview of Problem-based Learning: Definitions and Distinctions [J]. Interdisciplinary Journal of Problem Based Learning, 2014 (1): 9-20.

② DOLMANS D H J M, DE GRAVE W, WOLFHAGEN I H A P, et al. Problem-based Learning: Future Challenges for Educational Practice and Research [J]. Medical Education, 2005 (39): 732-741.

③ SAVERY J R. Overview of Problem-based Learning: Definitions and Distinctions [J]. Interdisciplinary Journal of Problem Based Learning, 2014 (1): 9-20.

境中，对所要解决的问题承担相应的责任的时候，能够促进问题的解决。(2) 问题式学习中使用的问题应该是非良构的（Ill-Structured），并且能够让学习者进行自由探究。问题式学习中的问题如果是结构良好的问题，那么它就不能成为探究的问题。在问题式学习中培养学习者一项非常重要的技能，就是确定问题并为问题的解决设定方向。如果问题是结构良好的，那么学习者会缺乏学习和探究的动机。(3) 问题式学习需整合多学科内容。在自主学习的过程中，学习者应该接触、学习、整合相关的多学科信息，以此促进对特定问题的理解和解决。就如同人们在真实世界的工作中，必须回顾并应用从多学科中整合来的信息来解决真实世界中的问题。(4) 合作是至关重要的。问题式学习提供给学习者发展合作技能的平台。在问题式课程学习过程中，教师会向所有学习者提问，确保所有学习者之间都能够很好地分享信息，并且共同努力解决问题。(5) 自主学习中的所得必须应用于问题的再分析和解决。个人通过自主研究获得信息，是为了帮助学习小组共同做出相关问题解决方案。每个学习个体都应该分享个体所学，这对形成问题解决的方案来说具有重要的意义和作用。(6) 对在学习过程中所学内容的仔细分析以及对所学相关概念和原理的讨论是非常必要的。学习结束后的汇报是为了对学习进行进一步巩固，确保对学习经验能够进行进一步深入思考。对问题式学习过程进行全方位的反思，能够促进学习者的所知、所学和所能。(7) 自我和同伴评价在每一个问题完成后以及每一个课程单元结束后都应该进行。这些评估活动与前面提到的对所学的反思是相关联的。评价活动的意义是强化自我反思和增强一系列元认知的技能。(8) 问题式学习中的活动，必须是在现实生活中有价值的。(9) 学习测评需要兼顾学习过程的测评。问题式学习的目标既是知识性的也是过程性的。学习者需要定期接受这两个维度的测评，以确定学习者是否从问题式学习方法中受益。学习者要求能够辨识并准确地表明他们的所知和所学。(10) 问题式学习课程必须是基于教学理论的课程，而不应该是说教的课程。

5. 历史思维

从较高层次上来看，历史思维是指历史学家所具有的对历史与现实问题思考的具有历史特点的思维方式。有学者指出，史家从历史意识的萌动到历史文章、著作的问世，经历了三个前后相继的思维层次发展。历史理解是史家认识历史的开始，历史判断是史家把历史理解纳入概念判断体系，历史表达则是史家历史思维的外化或物化的过程①。当然，这里所讲的史家的思维是历史思维的高级阶段，对于在本研究中的中学生历史思维培养层面来看，就是中学生参照史家的历史思维形成的过程，进行历史的学习，然后培养他们的历史思维能力。叶小兵译介的美国历史科国家标准对历史思维的论述涉及五个方面：(1) 按时间顺序的思维；(2) 历史的领悟；(3) 历史的分析与阐释；(4) 历史的研究能力；(5) 分析问题和做出决定的能力②。美国历史科国家标准有关历史思维的表述也有一定的代表性，较好地体现历史学科的特点。

加拿大不列颠哥伦比亚大学教授彼得·塞沙斯和汤姆·莫顿研究提出了六大历史思维概念。他们指出，历史思维是历史学家通过解释过去的证据，产生历史故事的创造性的过程③。塞沙斯领衔主持的加拿大政府文化遗产部支持的教育计划研究项目“历史思维项目”经过约10年研究，提出了六大历史思维概念（如图0.2所示）。

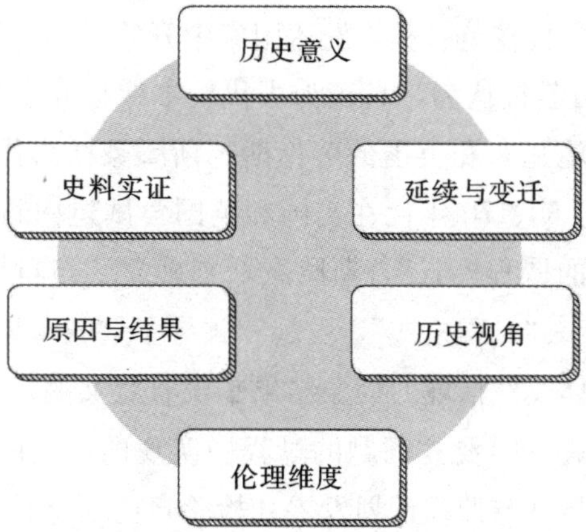

图0.2　六大历史思维概念图④

① 王贵仁. 史家历史思维结构解析 [J]. 山东社会科学，2007 (8)：12-18.

② 叶小兵. 美国历史科国家标准对历史思维的论述 [J]. 课程·教材·教法，1995 (11)：56-60.

③ SEIXAS D P, MORTON T. The Big Six Historical Thinking Concepts [M]. Toronto: Nelson Education Ltd.，2013：2.

④ SEIXAS D P, MORTON T. The Big Six Historical Thinking Concepts [M]. Toronto: Nelson Education Ltd.，2013：4.

六大历史思维概念组成了一个框架，便于帮助学习者理解历史学家是如何将过去构建成为历史的。当然，六大历史思维概念是一个整体，作为历史思维过程的各个方面起共同作用。本研究将重点结合这六大历史思维概念，通过阐释概念，明晰问题，找出解决问题的方法，来帮助学习者更好地提升历史思维能力。

第二节　研究现状综述

（一）校本课程开发的研究现状

1973 年 7 月，经济合作与发展组织（OECD）的教育研究革新中心在爱尔兰阿尔斯特大学组织召开了以“校本课程开发”为主题的国际课程研讨会。在会上，菲吕马克和麦克米伦试图界定校本课程开发的意义。校本课程开发是 20 世纪 70 年代在英、美等发达国家中开始受到广泛重视的一种课程开发策略[①]。施良方教授认为，真正为当代校本课程开发奠定思想基础的是以美国的约瑟夫·施瓦布和英国的劳伦斯·斯腾豪斯为代表的课程理论家。他们分别于 20 世纪 60、70 年代在美国和英国尝试建构新的课程模式[②]。施瓦布建立了“实践的课程模式”，斯腾豪斯则确立了与目标模式相对立的新的课程开发模式——“过程模式”，发起和领导了“教师即研究者运动”。施瓦布认为，脱离具体实践情境的抽象结果是没有意义的，真正有意义的结果是在适应实际的兴趣、需要和问题的过程中实现的，是内在于过程之中的。斯腾豪斯通过实际地参与课程计划发展和检验自己的课程实践模式，斯腾豪斯学派的课程行动研究因此而被称为实践的行动研究[③]。

Marsh 等人对校本课程从理论与实践层面进行了较为深入的研究，结合澳大利亚、加拿大、英国、美国等国的教育背景及校本课程在上述国

---

① 崔允漷. 校本课程开发：理论与实践［M］. 北京：教育科学出版社，2000：49.

② 施良方. 课程理论——课程的基础、原理与问题［M］. 北京：教育科学出版社，1996：172-208.

③ 吴刚平. 校本课程开发的思想基础——施瓦布与斯腾豪斯“实践课程模式”思想探析［J］. 外国教育研究，2000（6）：7-11.

家的实施情况进行了案例分析。他们指出，虽然校本课程已经实施了几十年的时间，但是有些问题近年才进行较为深入的分析，如校本课程的概念建构以及哪些因素促进或者是影响校本课程的开发等①。在案例分析中，澳大利亚某高级中学，给学生提供单元校本课程供学生学习，要求不同年级的学生修习相关校本课程，并且需要经过考核，达标之后才可以进入下一单元的学习。

国外的校本课程开发也引起国内学者的关注。华东师范大学王斌华教授先后对美国、英国、加拿大等国的校本课程进行了分析。其在《美国校本课程开发》一文中，对美国校本课程开发的背景及课程开发的案例进行了分析，着重探讨了美国校本课程开发的影响因素②。其在《英国校本课程开发》一文中，介绍了英国校本课程开发的历史沿革，在课程实施层面上，英国是以专题为主，采用综合课程和学科课程两种形式③。其在《加拿大校本课程开发》一文中指出最近20年来，加拿大校本课程开发的状况有所发展，但是，由于加拿大具有独特的政治格局和地理状况，校本课程开发在各省的发展是不平衡的④。柴改改在《英国中小学校本课程开发的经验及对我国的启示》一文中把英国校本课程开发分为了四个阶段⑤，20世纪60年代的萌芽时期，20世纪70年代末至80年代的兴盛时期，20世纪80年代末的回落时期，20世纪90年代以来的转型时期。在谈到对我国的启示的时候，该文章提到要增强教师课程开发的意识和能力，这和本研究的着眼点是一致的，通过理论学习与实践指导，提升教师的课程开发意识与能力。

为了适应校本课程的发展潮流，我国香港地区于1988年推出了一个“校本课程项目计划”（School-based Curriculum Project Scheme），在实施过程中，该计划强调教师在课程开发过程中的决定作用。实际上，在我国香港地区教育权力相对集中，长期以来教师在课程开发过程中并没有决定权。因此，香港地

---

① COLIN MARSH, DAY C, HANNAY L, et al. Reconceptualizing School-based Curriculum Development [M]. London: The Flamer Press, 1990: 80.

② 王斌华. 美国校本课程开发 [J]. 教育科学，2002 (5): 29-32.

③ 王斌华. 英国校本课程开发 [J]. 教育科学研究，2003 (Z1): 88-91.

④ 王斌华. 加拿大校本课程开发 [J]. 韩山师范学院学报，2003 (2): 32-39.

⑤ 柴改改. 英国中小学校本课程开发的经验及对我国的启示 [J]. 当代教育与文化，2013 (2): 61-65.

区的校本课程开发实施过程中，还是更多地表现出是行政驱动，而不是教育驱动[①]。也有研究者通过对香港校本课程开发梳理后指出，特区政府始终鼓励学校与社区人士和家长建立有效的沟通与合作机制，以了解学生的真实需要，从而为校本课程开发提供方向，这对课程开发的深入推进具有参考价值[②]。

通过梳理可以发现，由于教育历史传统、政治环境等的区别，各国各地区在实施校本课程的过程中表现出来的差异是很大的，即使是在一个国家内部，也会体现出各地区自己的特点。另外，各国各地区，在不同的历史阶段，校本课程开发也存在较大差异。当然，经过几十年校本课程开发的理论与实践研究，各国各地区均在强调教师、学生在校本课程开发中的决定作用，通过校本课程促进课程的多样化培养学生的全面素养。

我国较大规模的校本课程开发是从20世纪90年代开始的。1996年，原国家教委颁布的《全日制普通高级中学课程计划（试验）》规定，学校应该“合理设置本学校的任选课和活动课”，这一部分课时占周总课时的20%～25%[③]。这一文件在原则上肯定了学校和教师在课程开发中的权力和地位[④]。此后，我国基础教育阶段校本课程开发开始进行深入系统的研究，但此时对什么是“任选课”“活动课”，还没有清晰的界定。很多学者开始围绕校本课程的概念、价值与意义等方面进行了较为深入的探讨。华东师范大学鲁艳对校本课程的概念进行了解析，认为校本课程开发指的是学校根据本校的教育哲学，通过与外部力量的合作，采用选择、改编、新编教学材料或设计学习活动的方式，并在校内实施以及建立内部评价机制的各种专业活动[⑤]。华东师范大学吴刚平撰写多篇文章，对校本课程面对的机遇与挑战[⑥]，校本课程开发的类型[⑦]与校本课程开发的特点与条件[⑧]等进行了较为系统的分析。以上

---

① LO YIU C. School-based Curriculum Development: The Hong Kong Experience [J]. Curriculum Journal, 1999 (3): 419.

② 孙晓雪. 香港校本课程开发及其启示 [J]. 世界教育信息，2016 (1): 67-71.

③ 国家教委基础教育司：全日制高级中学课程计划学习指导（试验）[M]. 北京：人民教育出版社，1997：146.

④ 沈兰. 课程权力再分配：校本课程政策解读 [J]. 教育发展研究，1999 (9): 35-38.

⑤ 鲁艳. 校本课程：概念必须正确理解 [J]. 教育发展研究，1999 (12): 19-23.

⑥ 吴刚平. 校本课程开发的机遇与挑战 [J]. 教育评论，1999 (1): 54-56.

⑦ 吴刚平. 校本课程开发活动的类型分析 [J]. 教育发展研究，1999 (11): 37-41.

⑧ 吴刚平. 校本课程开发的特点与条件 [J]. 教育研究与实验，1999 (3): 28-31, 72.

这些研究，其主要任务还是在于进一步明晰校本课程的概念，校本课程这一概念进一步明晰，也得到了较为普遍的认可。

华东师范大学崔允漷在《校本课程开发：辩护与批判》一文中，从辩护和批判两种角度来探讨校本课程开发，并由此提出校本课程开发的走向和有关校本课程开发的建议与启示①。该文从宏观高度对校本课程的开发提出了建议，对校本课程的开发具有方向引导的作用。崔允漷教授2000年出版的《校本课程开发：理论与实践》一书，是较早以“校本课程开发”为主题的专著。该书由“政策研究”“理论研究”“实验研究”“案例研究”四部分构成，从理论与实践两个维度，结合国外与国内研究，对“校本课程开发”这一主题做了系统梳理，是校本课程开发的重要参考文献。特别是其“案例研究”部分，对校本课程实施案例进行了整理，其中介绍的案例研究具有重要参照作用，为如何具体实施课程开发提供了理论指导。当然，因限于篇幅，对于如何运用某一种或者几种实施策略具体实施校本课程开发，在该书中缺乏实践操作指南意义上的探讨。

2000年之后，我国校本课程开发的研究开始逐步深入。通过中国知网检索可知，2000年至2018年，以“校本课程开发”为篇名的论文有5500多篇。从2000年开始，年发文量整体呈现上升趋势（详见图0.3），从2000年的年发文量26篇，发展到2015年的505篇。可以说，从2000年往后，校本课程开发研究的热潮逐渐形成，并且持续至今。校本课程开发研究的热潮说明在国家层面的政策引领之下，国内校本课程在行政推进之下逐步展开并且持续。

图0.3 “校本课程开发”论文发表年度趋势图

① 崔允漷，杜萍. 校本课程开发：辩护与批判［J］. 教育发展研究，1999（11）：32-36.

在研究层次分布上来看（详见图 0.4），以基础教育研究为主，基础教育研究约占 47.3%，而高等教育仅占 4.2%。从中我们可以看出，我国校本课程开发研究，和基础教育阶段行政推进校本课程政策有密切的关系。

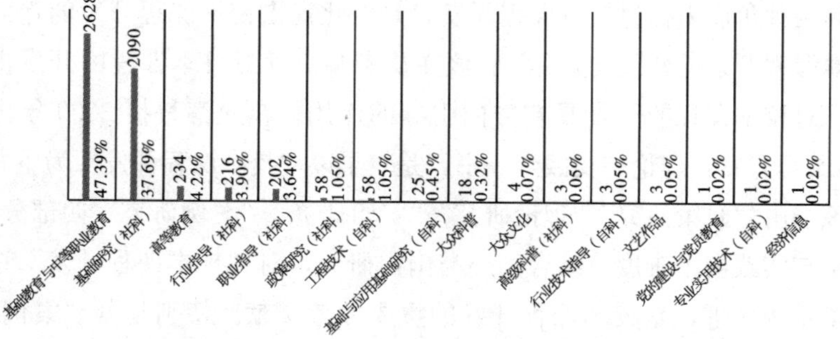

图 0.4 "校本课程开发"论文研究层次分布图

在已发表的以"校本课程开发"为篇名的论文中，以深圳大学李臣之、浙江师范大学傅建明、华东师范大学吴刚平等作者最为活跃，发文量超过 10 篇（发文作者分布详见图 0.5）。

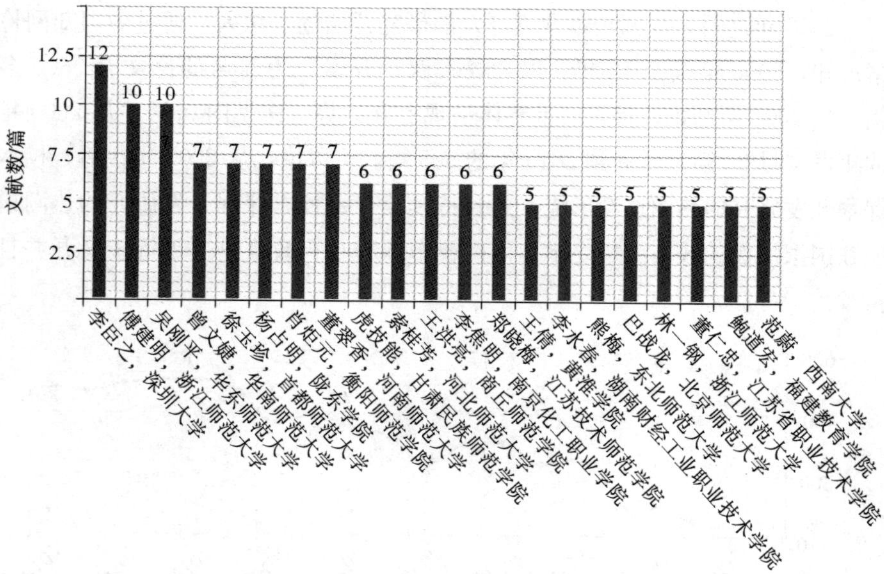

图 0.5 "校本课程开发"论文作者分布图

在众多研究学者中，靳玉乐、徐玉珍、傅建明、廖哲勋等学者的研究论文受关注度最高，对校本课程开发的学术影响最为显著。靳玉乐在 2001 年发表的《校本课程的实施：经验、问题与对策》一文中对我国校本课程的出台、课程实施过程中的问题等进行了分析，并对校本课程的特点进行了较为系统的归纳①。靳玉乐认为校本课程与国家课程相比，校本课程要以发展符合学生、学校或者地方特殊需要的课程方案为目标，所有与课程有关系的人士均有参与课程开发的权责，学生有主动建构知识的能力，教师是课程的研究者、开发者和实施者，课程即教育情境与师生互动的过程与结果。徐玉珍在《校本课程开发：背景、进展及现状》一文中，对校本课程开发的背景进行了分析，并从比较的角度对多个国家和地区的课程开发情况进行了比较分析，阐述了校本课程在不同国家和地区的进展情况②。从中可知，不同国家和地区在校本课程开发方面因为历史、政权特点等方面的因素，校本课程开发存在较大的差异，但共同点是，都在一定程度上进行着校本课程开发。傅建明从校本课程开发与教师专业发展的角度，分析了教师与校本课程开发之间的关系，他明确指出，在校本课程开发实施过程中，教师的角色应该发生变化，教师应该转变为导师，教师应该从课程的消费者转变为课程的生产者③。廖哲勋在《关于校本课程开发的理论思考》一文中，对课程开发做了系统性理论思考，很多观点站在学术前沿，对校本课程的深入开展具有重要指导意义④。

在研究机构分布上，师范院校是研究主力队伍（详见图 0.6）。其中，以

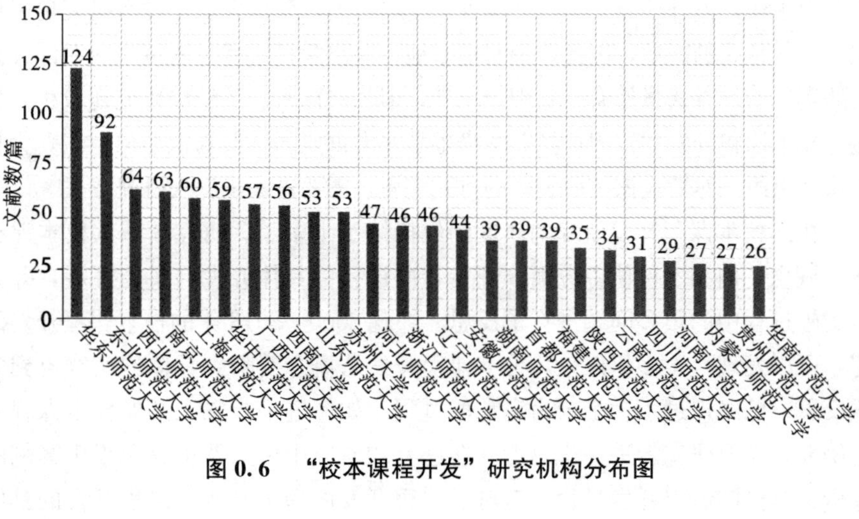

图 0.6 “校本课程开发”研究机构分布图

---

① 靳玉乐. 校本课程的实施：经验、问题与对策 [J]. 教育研究，2001 (9)：53-58.

② 徐玉珍. 校本课程开发：背景、进展及现状 [J]. 比较教育研究，2001 (8)：24-28.

③ 傅建明. 校本课程开发与教师专业发展 [J]. 教育发展研究，2002 (5)：18-22.

④ 廖哲勋. 关于校本课程开发的理论思考 [J]. 课程·教材·教法，2004 (8)：11-18.

华东师范大学的教师团队崔允漷、吴刚平、丁钢等发表的系列文章、著作成果最为突出，对国内校本课程开发提供了理论与实践层面的参考。

另外，很多博士和硕士研究生也将研究目光聚焦在了校本课程开发上，通过中国知网搜索，2001 年至今，以“校本课程开发”为篇名的学位论文已近 900 篇，其中博士学位论文 7 篇，总体呈现出了上升趋势（详见图 0.7）。其中，2015 年以“校本课程开发”为题名的硕博士学位论文就有 100 余篇。

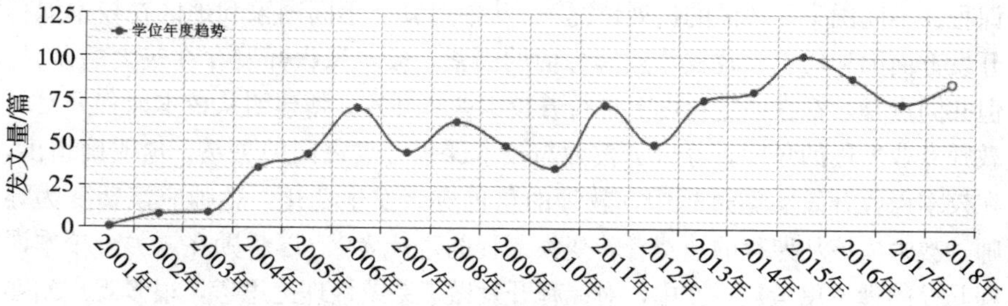

图 0.7　“校本课程开发”硕博士学位论文趋势图

在 7 篇博士学位论文中，有 3 篇与“民族”主题有关，有 2 篇以“小学音乐”为主题，另外还有 2 篇与“体育”主题相关。分析发现，现有研究更多地关注了教什么的问题，因此，论文更多地体现出学科或者主题特点，对课程开发的实际操作方式虽然有一些理论思考，但相对深入、系统的研究还较少。当然，校本课程开发“知识选择”本身也是非常重要的，但知识如何组织，为什么这么组织，然后应该按照怎样的方式实施，需要进一步深入研究。

我国校本课程开发研究的热度已经持续了十多年。研究领域从校本课程开发概念、内涵、价值等方面，开始转向课程的具体开发与实施开展，并且对实施过程中的很多问题进行了反思。综观 2000—2018 年的校本课程开发研究，可以发现，十多年以来，校本课程开发从概念明晰到具体的实践再到实践反思，已经走过了一个较为完整的过程。如何进一步深入开展校本课程开发研究，需要研究者进一步思考。在已有的研究中，虽然也存在很多案例的分析、具体的课程开发过程，但对于课程开发的理论基础、课程开发的具体实践策略以及课程开发的具体模式，课程开发的具体化与精细化等层面的内容，特别是具体到某一门课程的开发的具体理论指导和实践分析上，还缺乏较为系统的探讨。中国香港学者罗厚辉指出，目前校本课程开发似乎过于乐观和理想化，在这个意义上它对教师专业化的依赖是不切实际的，尤其在发展中国家[①]。罗厚辉实际上对当前校本课程的开发还存有一定的隐忧，他担忧的是教师专业化发展是否能够跟得上校本课程开发的步伐。

从具体与历史学科相关的校本课程研究来看，从2006年到2017年这十多年间有关历史学科的校本课程开发的硕士学位论文有50多篇。通过对这些硕士学位论文进行分析发现，中学历史校本课程开发十多年来，取得了一定的进展，校本课程从对国家课程的简单模仿上，有进一步的提升，主要表现在以下几个方面：一是历史校本课程在教学的深度上有所深化。如杨冰的《中学历史校本课程开发的实践与反思——以〈晚清史再认识〉校本课程为例》一文中，该课程针对学生的特点，对有关晚清历史中有争议的问题进行深入研究，拓展学生的知识面，提升学生能力[②]。二是历史校本课程与地方历史文化特色相结合。黄震的《以地方史为主的高中历史校本课程开发——以广西陆川中学为例》一文中，陆川中学结合地方的历史文化特色，开发出了以地方史为特色的校本课程，是历史校本课程开发的一条重要路径[③]。三是从教学内容方面的研究向注重内容与教学的融合方向发展。宋丽华的《历史校本课程开发的理论与实践研究》一文提出历史校本课程要注重对方法的运用、对历史的探究，也应注重培养学生的历史思维能力，而不是让学生被动地去记诵历史[④]。该文探讨了历史校本课程实施的一般程序，对历史思维能力的培养有了初步探索。虽然在近十多年的历史校本选修课程研究中，也出现了一些注重历史思维能力、从教学策略角度进行分析的相关研究，但是从教学设计理论出发构建课程开发框架，再结合具体的教学内容进行校本课程开发的研究方式，还鲜有人涉猎。因此，从教学设计理论出发，开发适应学生特点，以学生为中心的校本课程开发还需要深入、系统地研究。

（二）整体任务教学设计的研究现状

在20世纪80年代末以前，部分任务模式主导着教育传播与技术领域[⑤]。

---

① 罗厚辉. 课程开发的理论基础［M］. 济南：山东教育出版社，2002：162.

② 杨冰. 中学历史校本课程开发的实践与反思［D］. 上海：华东师范大学，2007.

③ 黄震. 以地方史为主的高中历史校本课程开发［D］. 桂林：广西师范大学，2008.

④ 宋丽华. 历史校本课程开发的理论与实践研究［D］. 济南：山东师范大学，2006.

⑤ VAN MERRIËNBOER J, KESTER L. Whole Task Models in Education. In SPECTOR J M, MERRILL M D, VAN MERRIËNBOER J, et al, Handbook of Research on Educational Communications and Technology［M］. New York: Routledge, Taylor & Francis Group, 2008: 441-456.

80年代以后，整体任务模式开始受到教学设计研究者的关注，并出现了一批有影响的整体任务教学设计模式。在20世纪90年代初，加涅和梅里尔确定了使用整合多种目的的学习目标，并用新的术语来表示学习活动，如表示（denoting）、证明（manifesting）和发现（discovering）①。这些新的术语，与原子论方法有根本的区别。这些新的学习活动，不再局限于一个个局部的、孤立的教学目标的达成，而是基于整合了多种的学习目标，并形成一定的目标结构，从而组建了整体的学习任务。当学习者完成这些整体任务时，心中应该形成一个完整的图式。

美国当代著名教学设计理论家查尔斯·赖格卢特的精细加工教学模式可以被看作教学设计领域整体任务方法的先驱。该理论的基本原理是教学应该被组织成从学习领域或任务的最简单表征到逐渐复杂的、细化的表征。赖格卢特指出，虽然教学策略在宏观水平方面已有众多的贡献，但缺乏内在的一致性和完整性，因而“精细加工论”的任务就是要整合各种相关知识，以此提升设计最优教学的能力。

梅里尔提出了五条首要教学原理，这五条原理组成了基于真实世界问题或者任务的一个循环圈②。循环圈主要包括以下组成部分：激活旧知、示证新知、尝试应用、融会贯通。基于首要教学原理，梅里尔开发了波纹环状（Pebble-in-the-pond）教学设计模式③。首要教学原理的核心就是“任务中心”。波纹环状模式的第一圈就是要确定一个完整的真实世界的任务和一个该任务的工作样例。一个完整的任务至少包括三个部分：（1）给定的任务；（2）目标；（3）解决方案。波纹环状模式的第二圈是明确任务排序。在序列中的每一个任务应该是完整的，而不仅仅是一个大一点任务的其中一个步骤。第一个任务是整体任务中最简单的版本，而最后的任务代表在真实世界中要完成的最复杂的任务。同一类型的任务在任务序列中应该有尽可能大的变式，以便于相关知识与技能的迁移。任务排序主要有以下几个步骤：首先

---

① GAGNE R M, MERRILL M D. Integrative Goals for Instructional Design [J]. Educational Technology, Research and Development, 1990 (1): 23-30.

② MERRILL M D. First Principles of Instruction [J]. Educational Technology Research and Development, 2002 (3): 43-59.

③ MERRILL M D. A Task-centered Instructional Strategy [J]. Journal of Research on Technology in Education, 2007 (1): 33-50.

是整理一系列的整体任务，再确定每个任务需要的组成技能，再按照由简到繁的顺序对任务进行排序，最后再对任务序列进行调整，以便能够更好地对组成技能进行示证和应用。波纹环状的第三个圈是明确组成知识与技能。梅里尔认为，知识与技能可以分为两类，一类是信息类知识，另外一类是描述类技能。第四圈是确定教学策略。与传统教学策略相比，任务中心教学策略中首先要向学习者展示一个整体的任务，并在不同的任务层级中加强任务之间的相关性。通过指导，该策略希望到最后，学习者能够独立完成一个新的任务。波纹环状教学设计模式还有两个主要步骤，设计用户界面以及教学设计产品制作。前面四个步骤是其教学设计模式的主题内容。波纹环状模式以任务为中心设计教学，并在设计过程中解决了任务分类问题，对于整体任务模式的实施具有重要的指导意义。

荷兰教育技术专家范梅里恩伯尔从 20 世纪 80 年代开始研究教育技术与教学设计，他的博士学位论文项目是关于计算机导论课程设计的。他开发了一种名为"完整策略"的教学设计方式，这种教学策略奠定了四元教学设计模式（4C/ID 模式）的基础，然后从四个相互关联的要素——学习任务（如计算好的案例，完整的任务以及一些常规问题）、支持信息、程序信息、子任务练习——中构建了四元教学设计的基础。该模式在 1992 年的一篇论文中首次发表，全面的论述是在 1997 年的一本获奖专著《训练复杂认知技能》[①]中。现在，很多教学设计的项目教学中都教授 4C/ID 模式，如美国、欧洲、亚洲、澳大利亚等，并广泛应用于教学实践（如在商业、工业以及职业或者专业训练中）。在《训练复杂认知技能》一书中，范梅里恩伯尔教授首先明确了 4C/ID 模式的定位。一些学者（Andrews and Goodson，1980；Edmonds，Branch and Mukherjee，1994）通过对教学设计主流模式进行分析，提出了一个框架，在这个框架中，教学设计存在六个维度。通过这个框架可以用来定位 4C/ID 模式在教学设计领域中的位置。4C/ID 模式在三个维度上有着明显的区分特点，但在另外三个维度上存在着一致性。

有学者指出，应用 4C/ID 模式的方法设计基于能力的训练课程不是一件

---

① VAN MERRIËNBOER J. Training Complex Cognitive Skills：A Four-component Instructional Design Model for Technical Training［D］. ENGLEWOOD CLIFFS，NJ：Educational Technology Publications，1997.

容易的事情[①]。为了进一步更好地设计好基于4C/ID模式的训练课程，研究者开发出了一种基于4C/ID模式的设计工具。该设计工具支持分析和设计基于能力的训练项目。研究者在一个欧盟项目——个性化培训的高级设计方法—交互工具（Advanced Design Approach for Personalized Training-Interactive Tools，缩写为ADAPT^IT）的资助下，开发出了一系列软件工具，用来帮助设计者应用4C/ID模式。ADAPT^IT主要有两个工具：一个主要是帮助设计者分析复杂技能，然后设计基于能力的培训课程；另一个是相关的工具是支持对项目进行评价的工具，通过评价可以对培训项目的蓝图进行适时修正。当然，该工具并不支持对项目进行实际的开发和实施。

近年来，针对4C/ID的应用研究逐步扩展到欧洲以外的国家。克莱姆森大学2011年的一篇博士学位论文题为《中学数学教学为大学单变量积分做准备：对四元教学设计模式修正的有效教学方式》，该博士学位论文通过应用4C/ID来建构数学微积分的学习环境[②]。该论文还对数学教学中如何通过学习环境的设计建构数学概念，进行设计分析，试图通过运用4C/ID模式来为中学数学教师提供参考，从而促使学生在大学学习微积分相关内容的时候更为有效。其对4C/ID模式进行了修订，开发出了微积分先修课程的三要素教学设计模式（the 3C/ID Pre-Calculus Model for College Calculus Performance）。

美国印第安纳大学Jacob Enfield 2012年的一篇博士学位论文以《应用复杂学习的十个步骤设计教育游戏》为题，该文应用4C/ID模式来设计教育游戏，通过案例研究，设计样例来研究4C/ID模式在游戏设计中的应用情况。其研究结论显示，4C/ID模式在设计游戏的效果方面存在一些方面的不足，但是4C/ID模式在提升游戏的吸引力方面具有帮助作用[③]。

范梅里恩伯尔的研究团队开展了大量的4C/ID模式在医学教育中的应用研究，《4C/ID在医学教育中的应用：如何设计基于整体任务学习的教育项

---

① CROOCK M B M D, PAAS F, SCHLANDBUSCH H, et al. ADAPT^IT: Tools for Training Design and Evaluation [J]. Educational Technology Research & Development, 2002 (4): 47-58.

② WADE, C H. Secondary Preparation for Single Variable College Calculus: Significant Pedagogies Used to Revise the Four Component Instructional Design Model [D]. Clemson: Clemson University, 2011.

③ ENFIELD J. Designing an Educational Game with Ten Steps to Complex Learning [D]. Bloomington: Indiana University, 2012: 383.

目》一文是其新的研究成果[①]。该研究按照4C/ID模式及“复杂学习的十个步骤”的架构设计了医学教育课程，研究结论指出，4C/ID模式以及“复杂学习的十个步骤”可以作为教学设计的基础，不管是问题式教学设计还是建构主义学习模式。四元教学设计的四个组成部分可以和其他众多教学设计模式相融合来促进有效学习。

国内研究者也开始关注到4C/ID模式在课程开发过程中的意义和作用。华东师范大学赵健教授的《面向复杂认知技能的训练：四要素教学设计模型（4C/ID）述评》[②] 是已知国内最早介绍4C/ID模式的文章。该文除了介绍4C/ID模式的基本概况之外，还对其理论与实践价值以及应用有效性方面进行了分析。盛群力教授等翻译的《四成分教学设计模型——面向复杂学习环境的多媒体原理》一文探讨了运用4C/ID模式设计多媒体学习环境及相关的14条多媒体原理，还讨论了四成分模型框架的启示和不足[③]。盛群力教授还在《面向完整任务教学，设计复杂学习过程——冯曼利伯论四元培训与教学设计模式》一文中，具体分析了4C/ID模式的十个步骤，即分解复杂知能、排序任务类别、规划学习任务、确定心理模式、厘清认知策略、呈现相关知能、明晰规则/程序、弄清前提知能、提供程序支持和安排专项操练。冯锐、李晓华在范梅里恩伯尔来中国讲学期间，对其进行了采访，有关采访报道以《教学设计新发展：面向复杂学习的整体性教学设计——荷兰开放大学Jeroen J. G. van Merriënboer教授访谈》为题发表在《中国电化教育》杂志上。在该文中，范梅里恩伯尔进一步阐释了4C/ID模式的理论基础与特点，他指出，一个好的整体性教学设计，不仅要给学生提供整体性的学习任务，而且要给学生的整体学习提供有力的支持和有效的指导，以及能够促进学生达到预期业绩表现目标的练习机会[④]。邱飞岳教授等在《基于4C/ID模式的复杂

---

① VANDEWAETERE M, MANHAEVE D, AERTGEERTS B, et al. 4C/ID in Medical Education: How to Design an Educational Program Based on Whole-task Learning: AMEE Guide no. 93 [J]. Medical Teacher, 2015 (1): 4-20.

② 赵健. 面向复杂认知技能的训练：四要素教学设计模型（4C/ID）述评 [J]. 全球教育展望, 2005 (5): 36-39.

③ VAN MERRIËNBOER J, LIESBETH KESTER. 四成分教学设计模型——面向复杂学习环境的多媒体原理 [J]. 盛群力，徐瑞，译. 远程教育杂志，2008 (2): 24-32.

④ 冯锐，李晓华. 教学设计新发展：面向复杂学习的整体性教学设计——荷兰开放大学Jeroen J. G. van Merriënboer教授访谈 [J]. 中国电化教育，2009 (2): 1-4.

学习支持平台构架探究》一文中指出，面向复杂学习的4C/ID模式以整体的学习任务设计为核心，不同于以往以教为主、以学为主的教学设计模式，是对教学设计模式的一次全新思考[①]。

经过了前期的译介和理论探讨之后，近几年国内有关4C/ID模式的研究逐步向实践层面进一步延伸，并且形成了一个4C/ID模式研究的小热潮。上海师范大学范文静的硕士学位论文《技术支持的以4C/ID模型为基础的师范生教育实践模式研究》[②] 结合师范生教育实践模式，是国内较早开展对4C/ID模型应用的研究。云南大学薛雯的硕士学位论文《基于4C/ID模式的大学英语听力理解教学设计研究》是较为系统地应用4C/ID模式开展英语学科教学的实践研究，该文通过对“大学英语听力理解”进行整体任务的设计，并且选择个案进行深入研究，试图进一步弄清楚如何将4C/ID模式应用到具体的学科教学设计中去[③]。云南大学何艳红的硕士学位论文《基于4C/ID模型的大学公共英语阅读理解能力培养研究》，则从“阅读理解”这个层面探讨4C/ID模式的应用前景[④]。宁夏大学张瑶的硕士学位论文《基于4C/ID模型的教学在初中英语课的应用研究》也探讨了其在英语教学中的应用[⑤]。

国内经过十多年的研究，4C/ID模式研究中逐步由理论探讨向实践应用深入，取得了一系列的成果。通过对研究成果的分析，我们可以发现，前期的理论分析主要是大学教授引领，后期的实践研究以硕士研究生为主力。总的来看，4C/ID模式经过十多年的研究之后，需要进一步在理论上进行深化，结合实践研究，进一步完善其理论合理性，并在此基础上，拓展实践研究的广度与深度。

---

① 邱飞岳，刘朋飞，王丽萍，等. 基于4C/ID模式的复杂学习支持平台构架探究 [J]. 电化教育研究，2012 (4)：67-71.

② 范文静. 技术支持的以4C/ID模型为基础的师范生教育实践模式研究 [D]. 上海：上海师范大学，2010.

③ 薛雯. 基于4C/ID模式的大学英语听力理解教学设计研究 [D]. 昆明：云南大学，2012.

④ 何艳红. 基于4C/ID模型的大学公共英语阅读理解能力培养研究 [D]. 昆明：云南大学，2012.

⑤ 张瑶. 基于4C/ID模型的教学在初中英语课的应用研究 [D]. 银川：宁夏大学，2017.

（三）问题式学习的研究现状

问题式学习教学方法可以从美国进步主义教育家克伯屈和约翰·杜威这里找到历史渊源。克伯屈于 1918 年在 *Teachers College Record* 上发表《项目学习法》，项目学习法逐渐受到重视[①]。克伯屈认为“项目”是一个有目的的活动或经验。在活动中，学习者内心为项目所驱动，并决定项目（活动）的计划与进行的步骤，这样能够激发学习者的学习动机。杜威的“做中学”（Learning-by-Doing）理论也是问题式学习的发展源头之一。从杜威的进步主义教育观点来看，教育是一种由内而外的发展，对于学习者的兴趣、能力以及动机，是要兼顾的。因此，在课程中，教学活动应尽量给予学习者创造及展示的机会，让学习者能够自主创建学习活动，并且在活动中学习。因此，杜威强调教育应该是刺激孩子思考，引导学习者将学习与生活经验做有意义的连通。杜威还强调应该由师生共同决定学习的资源、活动，让学生获得真正的知识。杜威认为，思维起源于不确定的、有问题的情境，培养思维能力首先要提供合适的情境，杜威认为经验、活动性的课程恰恰能提供这种情境的条件，儿童在这种情境中能产生自己的问题[②]。因此，创建适合儿童思维特点的问题，提供问题情境给儿童是非常重要的。问题式学习教学法已经在多领域取得成功，并且继续在更多学科领域取得了认可。

美国著名心理学家、教育家杰罗姆·布鲁纳于 20 世纪 60 年代提倡的发现教学法（Discovery Learning）也是问题式学习教学法的重要理论基础。所谓发现教学法，就是教师向学习者提出问题，引导学习者搜集、学习有关文献资料，通过自己体验，最终发现概念、原理等知识。发现教学法是一种基于探究式学习和基于建构主义教育理论的教学方法。布鲁纳认为，自我发现的实践能够促使学习者更好地运用所获得的信息来解决问题[③]。学习者通过已有知识与学习环境进行互动，在问题中进行探究，学会解决问题，从而使得学习真实发生。

---

① KILPATRICK W H. The Project Method [J]. Teachers College Record, 1918 (19): 319-335.

② 吴式颖. 外国教育史教程 [M]. 北京：人民教育出版社，2003：522.

③ BRUNER J S. The Act of Discovery [J]. Harvard Educational Review, 1961 (1): 21-32.

Boud和Feletti（1997）认为，问题式学习教学模式是由40多年前的北美富有创新性的健康医学课程发展演进而来的。传统医学教育的课程首先是很密集的基础科学的课程，然后辅以大量的临床教学项目，这种课程在医学知识和新技术快速发展的今天，已经越来越不能满足社会对医学学生的需要了。加拿大麦克马斯特大学的教授们在1969年开始引入问题式学习课程。问题式学习课程不仅包括一种具体的教学方法，而且可以其教育哲学思想建构起来整个课程，该课程促进学习者中心、多学科教育和终身学习等理念融入课程中去。Bill Spaulding是问题式学习的创建人之一，他指出，问题式学习的创建是基于对医学学生学习的观察。医学学生在学习的过程中会面对大量的信息，而这些信息在学习的时候，初看起来是跟医学实践没有多大关系的，学生对此感到非常厌烦。为了解决这问题，学校采用问题式学习课程对课程进行调整，可以让学生在解决问题的过程中学习知识、培养能力。内科医生霍华德·巴罗斯是麦克马斯特大学的医学教育工作者。他设计了一系列超越常规案例研究的问题，不是把所有知识向学生和盘托出，而是要求学生研究一个具体的病情，提出恰当的问题，并自己拟定解决问题的方案[①]。巴罗斯等人的研究表明，问题式学习可以提高学习者的多种能力，如能够使得学习者紧跟医学领域的新成果，改进自身的知识水平，能够自我指导，自我提高，并更好地与其他学习者合作。

1974年，荷兰马斯特里赫特大学首先在欧洲建立了问题式学习医学课程。该课程开发成员中，有一位教师就接到一项新的任务——开发法律和经济学的问题式学习课程。这带来了一个新的问题，原来的问题式课程都主要是医学课程，是针对患者的诊断与治疗，现在没有了，课程如何开设？面对这个问题，教授们对其他学科、领域进行了分析，通过问题转换，也成功地将问题式学习应用到了马斯特里赫特大学的其他学科。在20世纪八九十年代，问题式教学法逐渐被其他医学院采用，并且在北美、欧洲都成为一种被广泛接受的教学方法。

关超然、李孟智，作为问题式学习的主要华人研究者特别是亚洲医学教育的重要推动者和实践者，对问题式学习在医学教育中的意义做了梳理。他

---

① 德莱尔. 问题导向学习在课堂教学中的运用［M］. 方彤，译. 北京：中国轻工业出版社，2005：5.

们指出，问题式学习本身就代表了生活化、趣味化以及情境化的学习理念与实践平台，并指出问题式学习代表了以人性为基础的社区群体、以感性为依据的伦理行为以及以格物致知为基础的生命科学，如图 0.8 所示[①]。

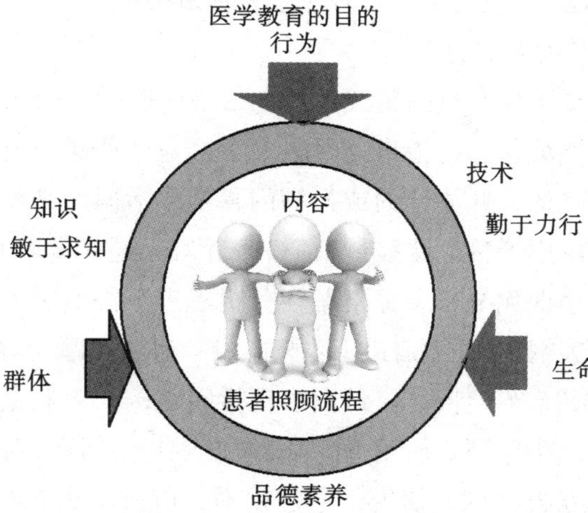

图 0.8　PBL 在医学教育的意义

任何教育所涉及的事情，不是解决问题就是准备解决问题，美国学者 Robert Delisle（2004）这样说明问题式学习的重要性[②]。他认为教师和学校跳过问题的揭示阶段，直接把事实和方法传授给学生，却不给学生自己提问、自己探讨的机会，这样的学习学生是难以充分理解的，也不能在实际生活中很好地运用。在美国，问题式学习已经在美国的中小学中有较为广泛的应用，也有专门培训教师的机构与研究所，如伊利诺伊州斯普林菲尔德市问题式学习研究所（the Problem-based Learning Institute in Springfield, Illinois）、芝加哥市伊利诺伊数学与科学院问题式学习中心（the Center for Problem-based Learning at the Illinois Mathematics and Science and Science Academy in Chicago）、纽约市教育创业公司问题式学习研究中心（the Center for the Study of Problem-based Learning at Ventures in Education in New York

---

① 关超然，李孟智．问题导向学习之理念、方法、实务与经验：医护教育之新潮流［M］．北京：北京大学医学出版社，2015：31．

② 德莱尔．问题导向学习在课堂教学中的运用［M］．方彤，译．北京：中国轻工业出版社，2005：2．

City)[①]。将在医学领域广泛应用的问题式学习教学法应用在中小学教育中要对中小学生学习目标做出新的规定，有研究者认为，首先要求学习者学习一套基本知识（核心知识），然后培养学习者能够有效地应用所学知识应对校内外问题情境的能力，另外，学习者还应具备拓展和改进基本知识与思考策略来解决新遇到的问题的能力[②]。

福格蒂在《多元智能与问题式学习》一书中探讨了问题式学习课程的概念、设计与案例分析。他指出，问题式学习是一种课程模式。这种课程模式围绕结构不良的、开放性的或模糊的真实生活问题来设计。他还指出问题式学习能够应用于整个课程[③]。福格蒂针对问题式学习对小学、初中、高中各进行了一个课例分析。福格蒂在分析了三个案例之后，也提出了运用问题式学习的大纲[④]。主要有以下步骤：（1）遇到问题，勾画出一个相关事件的情景剧；（2）界定问题，试图去概括问题；（3）收集事实，画一个KND表[⑤]；（4）产生问题，使用KND表来产生相关问题；（5）建立假设，预测可能的调查方法；（6）研究，通过读书、访谈、网络搜索、调查、考察等方式开展研究；（7）改述问题，加工最初的问题陈述；（8）产生可供选择的方案，分类“大概的”“可能的”“最优的”方案；（9）提出解决办法，选择一个最优方案，并加以证明。可以说，福格蒂的研究对问题式学习在中小学的应用提供了很好的操作样本，对如何设计问题式的课程提供了很好的思考。三个课例中，既有人文学科（民主选举），又有自然学科（基因工程），也有综合实践（户外实习），说明问题式学习在基础教育中具有广泛的实践领域，为在基础教育阶段进一步深入研究问题式学习奠定了基础。

---

① 德莱尔. 问题导向学习在课堂教学中的运用［M］. 方彤，译. 北京：中国轻工业出版社，2005：10.

② 德莱尔. 问题导向学习在课堂教学中的运用［M］. 方彤，译. 北京：中国轻工业出版社，2005：14.

③ 福格蒂. 多元智能与问题式学习［M］. 钱美华，许晶晶，王立娜，译. 北京：中国轻工业出版社，2005：12.

④ 福格蒂. 多元智能与问题式学习［M］. 钱美华，许晶晶，王立娜，译. 北京：中国轻工业出版社，2005：36.

⑤ KND表是按照我们知道的（know），我们需要知道的（need），我们需要做的（do）三栏设计表格，提出问题，解决问题。

Albanese 和 Mitchell（1993）等进行的一项长达 20 年的关于问题式学习的教学评估研究表明，问题式学习教学法在传统意义的知识测试上，与传统教学方法的效果是一致的，但是问题式学习教学法在临床问题解决技能方面的表现优于传统教学方法①。但是，Newman（2003）等的一篇关于问题式学习效果评价的论文指出，如何对问题式学习的效果进行评价，学界还缺乏应有的共识②。我们从中也可以看出，针对问题式学习，特别是关于问题式学习的教育效果还需要深入的实践研究。Maudsley 也指出，随着问题式学习在多学科、多领域、多内容层面的广泛采用，问题式学习也引发了一些误用和错误的观念③。Boud 和 Feletti 对问题式学习研究中出现的一些疑惑进行了整理描述，他们指出了以下几点：（1）将问题式学习作为一种课程设计的方法来教授“问题解决”类课程还存在一些疑惑；（2）采用问题式学习教学方法还缺乏多层面教师的广泛认同；（3）对问题式学习的本质和问题类型的研究与开发还比较缺乏；（4）对问题式学习的设计、准备等方面持续性更新的资料还不充分；（5）现行针对问题式学习的学习结果进行评价的评估方法还不是很合适④。

虽然说还缺乏足够的实践证据，但是问题式学习在中小学、大学以及职业教育学校被广泛采用。美国特拉华大学有一个问题式学习培训项目，专门组织机构每年来培训那些想成为问题式学习指导教师的教师。美国桑佛大学将问题式学习引入艺术与科学学院、商科、教育、护理、药学等多项研究生项目课程中。美国伊利诺伊州数学与科学学院从 1985 年起提供给高中生完整的问题式学习课程，已经为几千名师生服务，成为问题式学习研究的重要中心。问题式学习还在医学教育、MBA 课程、高等教育、化学工程、经济学、

---

① ALBANESE M A, MITCHELL S. “Problem-based learning: A review of literature on its outcomes and implementation issues”: Correction [J]. Academic Medicine, 1993 (1): 52-81.

② NEWMAN M, AMBROSE K, CORNER T, et al. Evaluating Educational Impact: The Approach Followed by the Project on the Effectiveness of Problem Based Learning (PEPBL) [J]. Paper Presented at the Annual Meeting of the American Educational Research Council, 2003 (4): 21-25.

③ MAUDSLEY G. Do We all Mean the Same Thing by “Problem-based Learning”? A Review the Concepts and a Formulation of the Ground Rules [J]. Academic Medicine, 1999 (2): 178-185.

④ BOUD D, FELETTI G. The Challenge of Problem-based Learning [M]. 2nd ed. London: Kogan Page, 1997: 5.

建筑学、教师职前教育等领域广泛应用。40 多年过去了，问题式学习教学法已经成为一个全球广泛应用的教学方法，特别是在医学领域。美国、澳大利亚的医学院大多采用了问题式学习教学法，欧洲、亚洲也有很多国家采用了问题式学习教学法开发的课程。另外，问题式学习教学法也已经突破了医学领域，在经济学、商科、工程、心理学、法律、生物学等领域都有成功实践。在美国的基础教育领域，问题式学习教学法也得到了广泛的实验①。

20 世纪 80 年代开始，问题式学习在中国逐步推广。上海交通大学黄钢教授梳理了问题式学习在中国的发展历程②。上海交通大学和西安交通大学的医学教育在国内较早地引进问题式学习。香港大学医学院于 1996 年开始推行问题式教学课程。另外，20 世纪 90 年代起我国台湾地区的高校以及浙江大学、第四军医大学、河南中医学院、宁波大学医学院等也进行了问题式学习课程的尝试，主要涉及临床医学、中医学、护理学等基础课程。2008 年，中国医科大学承办了第七届亚太地区 PBL 国际研讨会，中国有 58 所医学院校派代表参加了会议，会议主题围绕问题式学习的国际化、本土化展开，问题式学习在国内的研究与实践逐渐显现规模。

国内较早将问题式学习的研究引入基础教育阶段的是北京师范大学的刘儒德。他在《问题式学习：一条集中体现建构主义思想的教学改革思路》③及《基于问题学习对教学改革的启示》④两篇文章中分析了问题式学习与建构主义思想的相同之处，并且认为问题式学习与我国当时的教育改革的趋势比较一致，对国内教学改革思路很有启迪意义。刘儒德还在《基于问题的学习在中小学的应用》一文中系统地探讨了中小学如何应用问题式学习以及应用过程中应该注意的问题⑤。赵健在《问题、情境脉络和基于问题的学习与教学设计》一文中对问题式学习做了较为深入的理论分析，他指出，在问题

---

① YEW E H J, O'GRADY G. One-Day, One-Problem at Republic Polytechnic [M]. Singapore: Springer Singapore, 2014: 22.

② 黄钢，关超然. 基于问题的学习（PBL）导论：医学教育中的问题发现、探讨、处理与解决 [M]. 北京：人民卫生出版社，2014：26.

③ 刘儒德. 问题式学习：一条集中体现建构主义思想的教学改革思路 [J]. 教育理论与实践，2001（5）：53-56.

④ 刘儒德. 基于问题学习对教学改革的启示 [J]. 教育研究，2002（2）：73-77.

⑤ 刘儒德. 基于问题的学习在中小学的应用 [J]. 华东师范大学学报（教育科学版），2002（1）：22-30.

式学习中，要关注情境脉络，要注重知识整合，关注知识与真实经验的整合①。赵海涛等将问题式学习与传统教学模式进行了较为系统的比较，他指出，在传统教学模式中，学习者经常被剥夺发展决策、自我监督、注意力调整等技能的机会，这些对学习者来说是非常必要的，问题式学习中将重视学习者这些方面素养的培养。

近年来，国内也有不少研究生关注到问题式学习，并与具体的学科相结合，探讨其在基础教育阶段的应用情况。通过中国知网搜索可知，从 2002 年到 2017 年以“问题式学习”为主题的硕士学位论文有 50 多篇。如马爱丽的硕士学位论文《基于问题的学习在高中化学教学中的探索与实践》②，李丽莉的硕士学位论文《基于问题的学习在地理教学中的应用研究》③，范范的硕士学位论文《“基于问题的学习”在物理教学中的应用研究》④，刘郁香的硕士学位论文《基于问题式学习培养自主学习能力的研究》⑤，王英的硕士学位论文《基于问题的学习模式在初中生命科学教学中的应用研究》⑥ 等，这几篇硕士学位论文都从自然科学学科的角度探讨问题式学习在中学的应用。另外还有其他涉及数学、英语等多个学科的相关研究。上海外国语大学王蕾的博士学位论文《大学英语课堂教学中医学生“基于问题的学习”模式研究》是国内较为深入地将理论与实践相结合的问题式学习的研究⑦。

问题式学习经过 40 余年的发展，其在高等教育领域已经取得了较为广泛的认可和在全球范围内较为广泛的应用。在国内的研究也已经从理论探讨到实践研究逐步推进，已经在理论和实践层面取得了较为丰硕的成果，对推动教育教学方式的变革做出了重要贡献。当然，前文中也提到问题式学习在研究与实践过程中也存在一些疑惑，特别是针对问题式学习在基础教育课程开

---

① 赵健. 问题、情境脉络和基于问题的学习与教学设计 [J]. 全球教育展望，2003 (11)：26-29.

② 马爱丽. 基于问题的学习在高中化学教学中的探索与实践 [D]. 上海：华东师范大学，2007.

③ 李丽莉. 基于问题的学习在地理教学中的应用研究 [D]. 武汉：华中师范大学，2009.

④ 范范. “基于问题的学习”在物理教学中的应用研究 [D]. 西安：陕西师范大学，2012.

⑤ 刘郁香. 基于问题式学习培养自主学习能力的研究 [D]. 西安：陕西师范大学，2012.

⑥ 王英. 基于问题的学习模式在初中生命科学教学中的应用研究 [D]. 上海：上海师范大学，2012.

⑦ 王蕾. 大学英语课堂教学中医学生“基于问题的学习”模式研究 [D]. 上海：上海外国语大学，2011.

发中的本土化实践研究还缺乏较为深入的研究，还缺乏从课程层面较为系统的思考。

（四）历史思维能力的研究现状

赵恒烈教授是国内较早开始研究历史思维的学者，他在《历史思维的三时态》一文中提出了历史思维的三种时态，分别是共时态思维、昔时态思维和即时态思维①。另外，他还认为，从横向上看，历史思维还有个体性思维和群体性思维、常识性思维和科学性思维、结构性思维和散装性思维三种关系。在该文中，赵恒烈教授还没有明确提出历史思维的概念。他在随后的《论历史思维和历史思维能力》② 一文中给出了历史思维能力的定义，他认为所谓历史思维能力是人们用以再认和再现历史事实、解释和理解历史现象、把握历史发展进程、分析和评价历史客体的一种素养。叶小兵在《美国历史科国家标准对历史思维的论述》一文中指出要使学生对历史有真正的理解，就要让学生进行历史的思维，并且介绍了美国历史科国家标准中提出的五种思维能力，即按时间顺序的思维、历史领悟、历史的分析与阐释、历史的研究能力、分析问题和做出决定的能力③。叶小兵还指出，历史思维能力是中学历史学科能力的核心④。郑流爱对英国“新历史科”进行了分析，指出英国“新历史科”主张历史本身就包含以人为本体的理性探究和理解的过程，要求以史料为证据重构历史，强调“发展对历史探究的方法或过程的理解”是历史科的中心，还提出在教学上提倡以探究为基础的问题解决型教学模式⑤。我们发现 20 世纪 90 年代，历史教学研究者都较多地开始关注历史思维，关注国际上历史思维能力培养的问题，逐步开展了一些理论探讨。

国内对历史思维较为系统的研究成果是赵恒烈教授的《历史思维能力研究》一书。他在书中将历史思维能力具体化，并且针对小学、初中、高中不

---

① 赵恒烈. 历史思维的三时态 [J]. 首都师范大学学报（社会科学版），1993（4）：1-8.

② 赵恒烈. 论历史思维和历史思维能力 [J]. 历史教学，1994（10）：23.

③ 叶小兵. 美国历史科国家标准对历史思维的论述 [J]. 课程·教材·教法，1995（11）：56-60.

④ 叶小兵. 论中学历史教学中的历史思维能力 [J]. 首都师范大学学报（社会科学版），1998（1）：109-115.

⑤ 郑流爱. 关注历史知识、历史思维与历史理解——英国“新历史科”探析 [J]. 全球教育展望，2007（3）：67-71.

同学段，提出了历史思维能力的不同层次的教学要求，如高中学段主要涉及下列历史思维能力：从历史材料中最大限度地获取有效信息，分析问题，提炼观点或从中选取某些有效信息支持特定论点；区分历史材料中的客观事实和主观见解，并指出其立场、时代局限和社会偏见；依据历史事实论证某些观点；中外历史大范围内的评价和比较；用历史观点分析现实问题，预测今后发展趋势[①]。《历史思维能力研究》还探讨了历史形象思维、历史逻辑思维、历史情感思维和灵感思维以及历史创造性思维，并且进行了依据历史思维理论架构的历史思维课堂模式研究。《历史思维能力研究》一书从理论架构和分析框架以及实践研讨方面都有较为深入的研究，对历史思维能力的进一步探讨具有重要指导意义。当然，该论著中对如何具体进行历史思维能力的评价还缺乏系统探讨。

近年来，有多位研究生关注历史思维能力的研究，并完成了学位论文。如谭广兵的《论历史教学中历史思维的培养》[②]、徐敏的《论中学历史教学中的历史思维》[③]、杨卉的《高中生历史思维能力的培养》[④] 都不仅有对历史思维的理论思考，更有结合中学历史教学的实践探讨，这也是历史思维能力研究逐步落地、逐步融入具体的教学中的重要探索。

加拿大“历史思维项目”运作的2006—2014年期间，向诸如社会研究部门、地方教育委员会、省教育厅管理部门、出版社和公共历史研究所之类的组织提供了更多有意义的历史教育、学习和作业模式，使得这些模式能够被实际应用在学习者上。

目前，中国中学生发展核心素养研制与研究工作也逐步深入推进。2013年5月，北京师范大学林崇德教授承担的教育部哲学社会科学研究重大委托专项课题，负责研究中国学生发展的核心素养体系，并于2016年9月公布了中国学生发展核心素养总体框架（如图0.9）及基本内涵[⑤]。中国学生发展核心素养，就是21世纪中国学生应具备的、能够适应终身发展和社会发展需要的必备品格和关键能力[⑥]。

---

① 赵恒烈．历史思维能力研究［M］．北京：人民教育出版社，1998：16.

② 谭广兵．论历史教学中历史思维的培养［D］．苏州：苏州大学，2013.

③ 徐敏．论中学历史教学中的历史思维［D］．西安：陕西师范大学，2015.

④ 杨卉．高中生历史思维能力的培养［D］．武汉：华中师范大学，2015.

⑤ 核心素养研究课题组．中国学生发展核心素养［J］．中国教育学刊，2016（10）：1-3.

⑥ 林崇德．21世纪学生发展核心素养研究［M］．北京：北京师范大学出版社，2016：序.

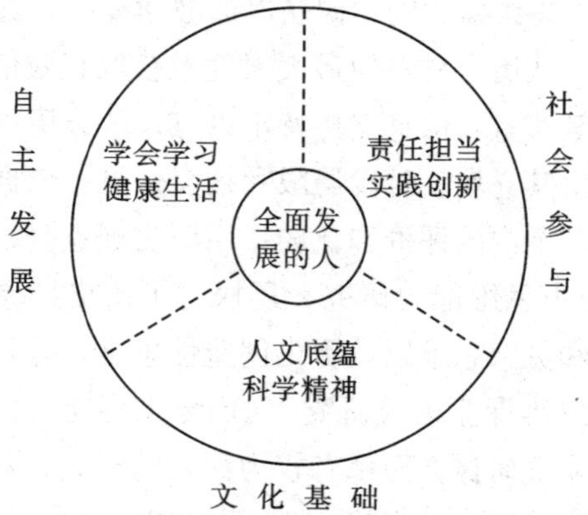

图 0.9　中国学生发展核心素养框架

中国学生发展核心素养的提出，是从国家层面系统地研究教育应该培养怎样的人，为教育改革的推进提出了方向性的要求，与此同时展开的工作还有对课程标准进行的修订工作。课程标准的修订工作也是在 2013 年开始启动的，差不多与核心素养课题研究同时启动，并于 2017 年定稿，2018 年出版发行。此次课程标准修订最大的特点就是凝练了学科核心素养，是对中国学生发展核心素养的呼应与深入。历史学科核心素养包括了五大核心素养：唯物史观、时空观念、史料实证、历史解释和家国情怀[①]。通过对五大核心素养和六大历史思维概念进行比较分析，可以发现，塞沙斯等提出的六大历史思维概念在某些方面与历史学科核心素养是高度吻合的，如都强调史料实证。但是，六大历史思维概念主要还是聚焦历史学科本质属性，对史学理论层面以及价值追求层面没有更多的关注。可以说，六大历史思维概念主要对应历史学科核心素养的时空观念、史料实证、历史解释三个方面，而对唯物史观与家国情怀没有明显涉及。

历史思维能力的研究经历了 20 世纪 90 年代至今的理论探讨、实践研究等过程，取得了一定的成果，对历史教学具有一定的促进作用。历史学科具有独特性，历史思维能力又具有概念的难以统一以及评价方式难以标准化等问题，在教学的实践过程中，长期以来，历史学科因“死记硬背”“填鸭式教

① 中华人民共和国教育部. 普通高中历史课程标准（2017 年版）[M]. 北京：人民教育出版社，2018：4.

学”而饱受诟病[1]，这一问题也还没有得到根本性解决。因此，在当前发展学生核心素养的大背景下，进一步深入推进历史思维能力的研究显得尤为必要，学生历史思维能力培养的研究，就是要培养学生的历史学科核心素养。本研究将以塞沙斯的六大历史思维概念为实践落脚点，开展历史思维能力培养的理论与实践研究。我们认为塞沙斯等的六大历史思维概念作为对历史学科的思维能力进行研究的他国前沿学术成果，与我国最新出台的历史学科核心素养有异曲同工之妙，对六大历史思维概念的实践研究，有利于进一步探讨我们应该如何培养学生的历史学科核心素养，进而发展学生的综合核心素养，培养全面发展的人。

第三节　研究意义

（一）理论意义

一般而言，课程设计可以从三个层面进行考察：第一个层面是宏观层面课程开发，主要从国家层面来探讨具体的课程设置，需要构建怎样的适合学习者学习的课程框架。第二个层面是中观层面的课程设计，主要是指学校某一门具体课程的开发。第三个层面的课程设计是指对某一具体的知识的学习，属于微观层面的课程设计。本研究是从中观层面考察课程设计。通过对基于教学设计理论的课程开发理论与实践分析，我们认为以教学设计理论为基础的中观层面的课程设计适合应用在校本课程的实践中，通过对应用基于教学设计理论的课程开发，有利于进一步丰富校本课程开发的理论探索。传统观念认为教学设计主要关注具体的每一堂课的设计或者是具体教学内容如何教授的设计，但当代教学设计的理论与实践已经体现出了运用教学设计理论开发、开设一门或者多门课程。本研究能够进一步明晰教学设计理论与校本课程开发之间的逻辑关系，并探讨综合运用四元教学设计模式、问题式学习等有重要学术影响力的教学设计理论、模式在基础教育阶段实施课程开发的可行性。

---

① 向佐军．基于核心素养的历史学科能力培养策略分析［J］．中学历史教学，2016（10）：29-31.

综合运用四元教学设计模式、问题式学习，并在理论上构建一个新的课程开发模型即4C/ID-PBL模型，其理论意义在于将当代教学设计理论前沿成果中的核心要素任务与问题进行有机融合。美国教育技术专家梅里尔指出，在近几年中，涌现出了很多基于问题的教学模式，虽然名称不同，但是都有一个共同点就是都让学习者在整体任务或者问题情境中学习，与传统课程一个话题接一个话题的教学呈现鲜明对比①。将任务与问题结合起来，是本研究理论建构的起点，即在课程设计中，以整体任务为中心，以问题为驱动，通过探究问题的过程完成整体任务，在完成整体任务的过程中探究出问题的解决方案，通过这一过程解决传统话题式、碎片化教学所带来的知识迁移困难的问题。我们认为，基于整体任务情境中的问题探究式学习，在帮助学习者形成整体认知框架的同时，培养学习者解决问题的能力。通过任务与问题构建学习的基本框架，并在此基础上形成完成任务、解决问题的课程设计框架，再通过在整体任务中的问题探究，有意义的学习能够真正发生。

范梅里恩伯尔虽然没有在一次与作者的邮件中指出，四元教学设计模式的实施是没有界限的，关键在于如何实施。问题式学习在国外的教学实践是否可以在中国进行本土化的实施？其在校本课程的开发中应该如何调整？本研究试图综合运用四元教学设计模式、问题式学习，进行理论建构探索和实践分析，从理论上回答以上问题。我们认为将具体的课程理论与教学设计相结合，开发出基于教学设计理论的课程，整合任务与问题能提升校本课程的效果。

(二) 实践意义

当前，我国基础教育阶段校本课程开发面临着一种困境——高校教师掌握课程开发理论，但高校教师很难深入实践指导中学教师实施课程开发，而且高校教师对于基础教育阶段具体的知识内容、媒体信息并不太熟悉，因此较难胜任校本课程开发主导者的角色；中小学教师虽然熟悉具体的教学内容，但是不精通课程开发理论，特别是缺乏操作性较强的实践指导，也难以胜任课程开发主导者的角色。本研究试图解决这一困境。本研究的实践意义就是通过吸收当

① MERRILL M D. A Task-centered Instructional Strategy [J]. Journal of Research on Technology in Education, 2001 (1): 33-50.

代教学设计领域经典模式的前沿研究成果，构建出基于教学设计理论的校本课程开发框架，为中小学教师提供校本课程开发指引，并将中学教师自身职业发展与课程开发紧密联系起来，从而促进中小学教师能够通过课程开发提升自身的教学设计能力，为教师长远的专业发展奠定基础。教师掌握了相关的基于教学设计理论的课程开发模式后，能够结合自身的教学实际，比较便利地开发出符合教学理论的培养学习者创新思维能力的校本课程，为校本课程提供新的实践路径参考。

第四节　研究思路与方法

（一）研究思路

本研究的整体思路是探索综合运用教学设计理论与模型进行校本课程开发的理论合理性与实践可行性。综合运用四元教学设计模式、问题式学习模式，由研究者开发、开设一门校本课程，通过对校本课程开发、开设过程中的数据整理与分析，并且通过问卷调查、访谈调查等方式对参与课程的相关人员进行调查，并在此基础上分析校本课程开发的效率与课程实践过程中的效果。本研究通过分析，对整合四元教学设计模式、问题式学习开发校本课程的合理性和有效性进行论证，探讨适合我国当前实际可行的校本课程开发路径，形成开发、开设校本课程的实践指导建议。

具体的研究过程包括以下几个步骤：（1）理论分析。理论分析是指对整个课程项目过程进行概要性理论分析，并形成一个课程项目的概要性计划。（2）课程设计。设计阶段要对课程任务、学习目标、评估方法，包括课程预算等进行系统化设计。（3）课程开发。开发阶段是指产生并确定学习资源，在开发阶段将会开发出具体的学习内容、支持媒体等。（4）课程实施。实施阶段是指为课程的学习准备好学习环境。（5）课程评价。评价是指对课程的质量进行评价，包括实施前和实施后的评价，在这一阶段要确定评价的标准，选择好评价的工具。本研究不是一个线性的研究，是一个系统性的迭代研究。在课程试行的过程中，如发现某些方面存在问题，则需要回到情境评估阶段，再按照流程进行迭代研究（如图 0.10）。

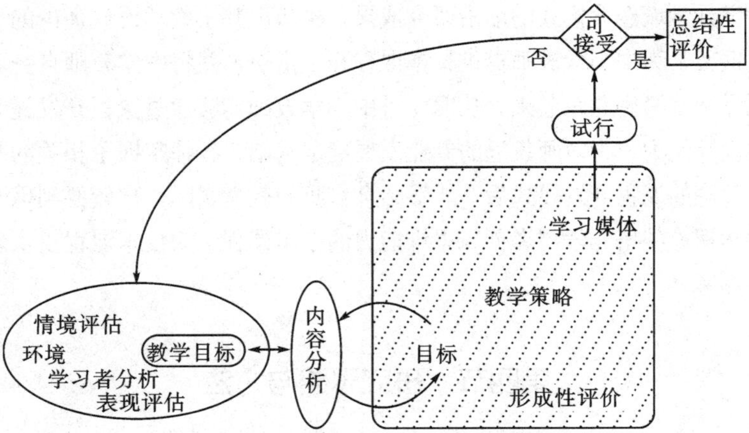

图 0.10　教学设计的系统性方法应用模式①

（二）研究方法

关于教育研究的具体方法，不同学者根据研究的不同方面有不同的分类描述。裴娣娜教授认为按照具体的研究方法分类可以分为：历史研究、描述研究、相关与比较研究、实验研究与理论研究②。陈向明等在《教育研究方法》一书中指出，根据研究范式的不同，将教育研究分为三大类，即实证主义的研究、解释主义的研究和综合方法的研究③。实证主义研究主要有教育调查研究、教育测量研究、教育实验研究和教育统计研究等。解释主义的研究主要包括教育质性研究、教育叙事研究、教育个案研究和教育历史研究。综合方法的研究主要包括教育行动研究和比较教育研究。本研究从研究范式层面来看，总的来说属于综合方法的研究。从定量与定性层面来看，本研究是一个定性的研究，是质性研究。在具体研究的过程中，本研究将综合采用理论研究、实验研究、行动研究以及调查研究等方法。

理论研究是指基于文献分析与整理、探讨问题式学习与四元教学设计这两种经典的教学设计模式的理论一致性与互补性，并建构出以整合整体任务

① BRANCH R M. Instructional Design: The ADDIE Approach [M]. New York: Springer US, 2010: 11.

② 裴娣娜. 教育研究方法导论 [M]. 合肥：安徽教育出版社，1995：11-12.

③ 陈向明. 教育研究方法 [M]. 北京：教育科学出版社，2013：前言.

和问题式学习为核心的新的课程开发模型，即整体任务问题式学习课程开发模型。这一模型的建构形成了本研究的理论基础，通过对整体任务教学设计模式和问题式学习教学设计模式的文献研究分析发现，整合任务与问题这两个核心概念，并基于四元教学设计与问题式教学设计的模型进行课程设计模型的重新建构，将为校本课程开发提供一种参考路径。

实验研究是针对理论研究进行试验，并通过对试验的过程、结果等方面数据的分析，进一步探讨整体任务问题式学习课程开发模型实践的可行性。本研究中的实验研究不是采用定量的实验研究，而是定性的实践研究。前期的理论框架建构是否具有意义，需要通过教学实验研究来进一步阐释。在本研究中，研究者根据研究实验设计，进行具体的教学实践研究，来进一步探讨应用这一模型进行课程开发实践的可行性。本研究将结合试验研究的分析与反思，进行多轮的试验研究。

行动研究的突出特点是特别强调实践者的参与，注重研究的过程与实践者的行动过程相结合[①]。本研究将结合研究者自身的教学实践展开研究，充分体现“作为研究者的实践者”与“作为实践者的研究者”的内在统一。在研究的过程中，研究者将结合研究设计，在中学开设相关的校本课程，通过对课程的观察、研究者自身的体验等的分析，再进行新一轮的迭代研究，从而体现行动研究的理论基础——研究是为了指导人们立身处世的生活实践[②]，即教育研究不应该仅仅关注教育理论逻辑上的求真，也要更多地关注教育实践过程中的求善。当然，在行动研究过程中，我们也要关注对行动研究方法的运用。刘良华教授指出，行动研究在不同的情境中不同程度地被误解和滥用，对行动研究的理解也一直存在大量的争议[③]。虽然对行动研究的理解存在争议，在行动研究的实践中也确实存在被误解和滥用的情况，但是我们只要能够把握行动研究的核心要素和基本特征，也能够通过行动研究让教师成为研究者，起到“改进学校实践”的作用，在行动研究中要注重研究者的“参与”“合作”“改进”“系统”特征[④]。

---

① 陈向明. 什么是“行动研究”[J]. 教育研究与实验，1999 (2)：60-67，73.

② 陈向明. 什么是“行动研究”[J]. 教育研究与实验，1999 (2)：60-67，73.

③ 刘良华. 重申“行动研究”[J]. 比较教育研究，2005 (5)：76-79，37.

④ 刘良华. 行动研究的古典精神及其转化 [J]. 集美大学学报（教育科学版），2002 (3)：11-16，21.

调查研究是本研究进一步获取研究素材、数据的具体方法。研究者通过调查研究一方面了解校本课程开发的现状，另一方面深入了解课程学习者对课程的看法。通过问卷调查可以了解学习者对课程的基本情况的熟悉程度；通过访谈可以进一步走近学习者，了解学习者的意见与建议，为后期的课程调整提供参考。

总之，本研究以理论研究为出发点，通过试验研究展开对理论研究的论证，并体现出行动研究的特点。在对试验研究进行分析时，采用调查研究的方法进一步获得学习者的学习情况反馈。本研究在研究方法上综合运用多种研究方法，努力实现理论研究与实践研究相统一。

（三）预期的研究结果

本研究的预期研究结果主要有以下两项：（1）形成基于 4C/ID 模式、问题式学习开发校本课程的理论框架；（2）形成基于 4C/ID 模式、问题式学习开发、开设校本课程的实践建议。

本研究将构建基于 4C/ID 模式、问题式学习开发校本课程的理论框架，从理论上回答综合运用 4C/ID 模式、问题式学习这两种国际上有重要学术影响力的教学设计理论模式开发校本课程是可行的、合理的与有效的。本研究在对理论基础、前期的实践研究结果等进行分析的基础上，架构出一个校本课程开发的理论框架，形成基于 4C/ID 模式、问题式学习开发、开设校本课程的实践模型。之后，在搭建完成的理论框架的基础上，进行试验研究，结合研究过程中的实践数据进行分析，形成开发、开设校本课程操作性较强的指导建议，并通过实践性案例对研究的结果进行说明。研究的主要目标是构建出理论合理性与实践可操作性和谐统一的校本课程开发新路径。

第一章　理论基础

综合应用4C/ID与PBL这两种经典教学设计模式来进行校本课程开发，首先需要进行理论建构，探讨综合应用4C/ID与PBL两种模式进行校本课程开发的理论合理性，并构建出基于这两种教学设计模式的校本课程开发理论框架。本章将通过分析4C/ID与PBL这两种模式的理论基础、主要特点及课程开发步骤，并在探讨这两种教学设计模式应用在校本课程开发中的互补性的基础上，构建出4C/ID-PBL课程开发模型，为后续的实践研究打下理论基础。

第一节　4C/ID模式的理论基础及特点

一、4C/ID模式的理论基础

4C/ID模式的哲学基础发轫于整体论。4C/ID模式是整体任务教学设计模式，整体任务教学设计模式是基于整体论哲学基础，从格式塔学派心理学的基础上发展而来的。古希腊的哲学家很重视事物的整体性。赫拉克利特把世界看作“包括一切的整体”，他认为世界是一个有秩序的整体，被赋予了时空秩序[①]。亚里士多德在《形而上学》中指出：“……因为在它们未成为一个整体以前，各只是一个堆垛，没有一个是自成为一整体的……可是，当

① D. W. 格雷厄姆. 赫拉克利特：流变、秩序与知识［J］. 常旭旻，译. 世界哲学，2010（2）：19-36.

它们合成为一个自然地延续的整体时，所有它各部分之存在总只能算是潜在而已。”[①] 由此衍生出了“整体大于部分之和”的著名命题，当各部分以合理、有序的结构形成整体时，整体大于部分之和。“一般系统论之父”冯·贝塔朗菲是从科学意义上探索当代复杂性思想的先驱。他通过生物现象复杂性的全面透视，深刻批判了机械还原论和神秘活力论，提倡有机整体观，科学地定义了“系统”“整体”“涌现”等描述复杂性的概念，首次建立了刻画复杂性的科学模型[②]。康德指出，“这种理性统一性任何时候都是以一个理念为前提的，就是说这种理念有关知识的一个整体的形式，这整体先行于各部分的确定知识，并包含有先天地确定每个部分的位置及其对别的部分的关系的那些条件”[③]，即经验是一种整体的现象，不能分析为各种元素。整体论认为，将系统打碎成为它的组成部分的做法是有局限性的，对于高度复杂的系统，这种做法就行不通。整体任务模式教学设计就是要打破原来原子论教学设计模式一统天下的局面，从整体论的视角重新审视教学设计，并开发出基于整体任务的教学设计模式，这是当代教学设计领域的新方向。

4C/ID模式以格式塔心理学和认知负荷理论为心理学理论基础。格式塔心理学是现代心理学的主要流派之一，于1912年诞生于德国。格式塔学派的主要观点就是强调心理现象的整体性。“格式塔”（Gestalt）即“整体、完形”之意[④]。格式塔学派认为人们认识世界的方式是整体感知，因此在认识世界的过程中，应该采用整体的方法。格式塔学派反对实证主义的原子还原论。4C/ID模式基于格式塔心理学，以整体感知作为学习的基本概念，并在此基础上妥善处理整体论与还原论的关系。4C/ID模式的另外一个重要的心理学理论基础就是认知负荷理论。澳大利亚心理学家思威勒等提出的认知负荷理论对4C/ID模式的提出和建构具有重要意义[⑤]。认知负荷理论中关于认知

---

① 亚里士多德：形而上学［M］. 吴寿彭，译. 北京：商务印书馆，1995：194.

② 黄欣荣. 贝塔朗菲与复杂性范式的兴起［J］. 科学技术与辩证法，2004（4）：11-14，57.

③ 康德. 纯粹理性批判［M］. 邓晓芒，译. 北京：人民出版社，2004：507.

④ 陈少华，郑雪. 整体与部分之和——一种整体论的心理学模式［J］. 自然辩证法研究，2000（8）：1-4，14.

⑤ PAAS F，RENKL A，SWELLER J. Cognitive Load Theory and Instructional Design：Recent Developments［J］. Educational Psychologist，2003（1）：1-4.

加工过程自动化以及关于储存的长时记忆是有结构的等观点，对于4C/ID模式中“规则自动化”以及“图式建构”等提供了心理学的理论支持。认知负荷理论的提出，主要就是为了解决学生遇到复杂学习任务时，出现的认知困难问题，而4C/ID模式的初衷就是解决复杂认知技能的培养问题。4C/ID模式是在认知负荷理论的基础上，开发出解决复杂认知技能的具体的教学设计方法。4C/ID模式是为了直面教育教学领域的复杂性理论问题。

苗东升教授对复杂性的研究进行了梳理，其在《复杂性研究的现状与展望》一文中对复杂性进行了历史回顾，并对复杂性的不同学派进行了评介①。苗东升指出，复杂性研究目前已经遍及所有发达国家以及部分发展中国家，成为一种具有世界规模的科学思潮，一种文化运动。苗东升教授还对复杂性的根源进行了分析。他认为复杂性源于系统规模的复杂性、系统结构的复杂性、环境的复杂性、动力学特性的复杂性、非平衡态的复杂性、不可积系统的复杂性、不可逆过程的复杂性、非线性的复杂性、不确定性的复杂性、主动性能动性的复杂性、系统组分智能的复杂性以及人类理性与非理性的复杂性②。苗东升教授通过对复杂性起源的分析，进一步明晰了复杂性产生的根源，对于如何解决复杂性问题提供了理论指导。

关于复杂性理论的研究已经从自然学科延伸到社会学科，其在教育领域的影响也逐步扩展。较为系统地探讨教育领域的复杂性问题的是法国哲学家埃德加·莫兰。埃德加·莫兰应联合国教科文组织的要求，在复杂性理论背景下表达了他对未来教育的看法。埃德加·莫兰充分认识到认识的局限，他认为20世纪认识的最伟大的成就是认识到认识的局限。它所给予我们的最大的确定性是关于不仅在行动里而且在认识中的不确定性之不可消除的确定性③。埃德加·莫兰将复杂性理论与教育问题进行了深入的哲学思考。国内也有学者对复杂性理论与教育的复杂性进行研究，指出要用复杂性、开放性、发展性和非线性的观念来审视极为复杂的教育现象与教育

---

① 苗东升．复杂性研究的现状与展望［J］．系统辩证学学报，2001（4）：3-9.

② 苗东升．论复杂性［J］．自然辩证法通讯，2000（6）：87-92，96.

③ 埃德加·莫兰．复杂性理论与教育问题［M］．陈一壮，译．北京：北京大学出版社，2004：141.

生活。蔡灿新教授对教育中的复杂性问题进行分析，他指出，从总体上看我国教育理论研究的思维现状是简单性思维方式占主导地位，而复杂性思维方式明显不足，并认为复杂性思维方式将使教育理论研究发生本体论转向——从科学世界向生活世界转向，并为我们观照教育复杂性提供新的视角①。

4C/ID模式的提出就是为了解决教学过程中的复杂性问题，是对教育复杂性的实践探索，也是当代教学设计转型的重要标志性成果。复杂性与教育技术、教学设计相融合，已经形成了一定的国际研究潮流。美国的《教育传播与技术研究手册》第三版第一部分专章介绍了“复杂性理论”。书中还对教育技术这种复杂性系统的认识方面做了说明，认为要从教学事件、有意学习、有意学习空间等教育技术系统的组成要素去了解教育系统的复杂性特征②。4C/ID模式在综合整体论与认知负荷理论的基础上，试图通过改进教学设计方式来解决教学中的复杂性问题。

二、4C/ID模式的特点分析

从认知心理学的角度来看，4C/ID模式的主要特征是它整合了规则自动化模式和图式获得模式，或者说是整合了陈述性学习和程序性学习。在分析阶段，每一种技能被分成两组：一组是再现性技能，再现性技能在不同的情况下保持高度的一致；另外一组是非再现性技能，非再现性技能被要求在不同的情形下有多变的表现。在设计阶段，每一个要素都会选择相应的教学策略。与第一、第二要素相关的设计主要是规则自动化或者是图式的获得的练习和条件的设计。与第三、第四要素相关的设计主要是信息呈现的设计。这种模式的基本假设是通过应用该模式能培养反思性专业技能，并且增强知识的迁移能力。

4C/ID模式中基于真实生活任务的、旨在发展职业能力的整体任务应以综合的方式呈现。整体化设计方法力图应对这种复杂性，既能顾及相

---

① 司晓宏，吴东方．复杂性理论与教育的复杂性研究［J］．教育研究，2007（11）：58-62.

② 何克抗．对美国《教育传播与技术研究手册》（第三版）的学习与思考之二——关于“复杂性理论”与“技术支持的复杂学习”［J］．电化教育研究，2013（8）：24-27.

对独立的各个组成部分，又不会忽略组成部分之间的相互联系。采用整体化设计方法可以解决教育领域中的三种痼疾，即分割化、碎片化和迁移悖论。整体设计方法不把学习任务分为传统的陈述性学习、程序性学习和情感的学习，而是用专门知识、复杂技能、能力等词汇来涵盖知识、技能和态度。从重视知识、技能和态度向重视专业技能和复杂技能的转变对教学设计有重要的意义。首先，整体教学设计模式需要对最终达到的水平进行描述，同时要避免对不同学习领域的划分。其次，学生面对的学习活动要能促使他们形成综合的知识基础，而不是掌握彼此分离的知识、技能和态度。

整体任务的缺点之一就是它是一项耗时的任务。通过基于认知负荷理论的4C/ID模式的产生即为了克服这一问题。4C/ID模式是分析复杂认知技能和培训设计的一般方法，即达到迁移的目标和反思技能，可以按照设计教学的认知负荷理论来做说明。这一理论提供了怎样以系统的方法设计培训来克服认知负荷的限制。以系统的方法设计培训来克服认知负荷的限制，有三个基本的要素，即防止认知超负、重新引导、减少认知负荷。认知负荷理论提供了一般的框架，说明了如何以系统的方法设计培训可以克服学习和表现的认知负荷限制，从而进一步优化教学设计，提升学生的学业成绩。

系统教学设计有更为宽广的范围，一般来说主要有以下方面：分析、设计、制作、实施与传播以及总结性评价。系统教学设计的各个方面可以以一种线性顺序呈现，但实际上在运行的过程中，大多不以线性的顺序运行，多数都以相互紧密联系的、迭代的或者循环的方式运行。4C/ID模式是一种教学设计模式，但不是一种系统的教学设计模式。因此，范梅里恩伯尔认为，4C/ID模式在实施的过程中应该联系系统教学设计模式，如教学需求评估，教学需求分析，教学资料的制作，教学实施、传播以及总结性评价等方面[①]。4C/ID模式关注专业的教学生态，是为了训练复杂认知技能，发展技术训练项目。关于课程的类别，可以从三个层面进行区分：宏观层面、中观层面和微观层面。4C/ID模式涉及课程的三个层面，从课程整体的设计到具体某一

① 杰伦·J. G. 范梅里恩伯尔. 掌握综合认知能力：面向技术培训的四元教学设计模式[M]. 盛群力，等译. 福州：福建教育出版社，2017：3.

课的模型设计。另外，还必须注意的是，有些复杂认知技能可能需要几百小时的训练才能达到可接受的熟练程度。

范梅里恩伯尔认为4C/ID模式与以下三个维度的多方面具有内在的一致性[①]。首先，从程序性和陈述性学习方面来看，仅程序性学习或者陈述性学习本身并不足以来设计有效的复杂认知技能的教学。根据定义，复杂认知技能由很多高度相关联的成分技能组成。这些成分技能有的是一些熟知的程序，有的需要较好地理解主题范围内的内容，然后用相关能力去解决该领域内的问题。所以，4C/ID模式并不单针对程序性或者陈述性学习，而是二者兼有。其次，从分析性和经验性方法维度来看，范梅里恩伯尔认为4C/ID模式处于这两种维度的中间。分析性方法基于这样的假设，即可以事先设计好问题的解决方法。而经验性方法认为，教学系统是基于人的系统，是一个软系统，这个系统不能用传统意义上的设计。由于教学系统生态的唯一性，所以不存在一个设计好的解决办法。4C/ID模式既采用分析的系统方法，又参考经验性的方法。4C/ID模式中的各个部分在设计的过程中，会较频繁地出现迭代的情况，也会出现“之”字形设计。最后，关于描述性和规定性的教学设计方面，4C/ID模式既包含描述性因素也包含规定性因素。4C/ID模式既关注不同学习环境方面，如学习过程、学习结果等之间的描述性联系，也关注分析复杂技能的方法与技巧。

4C/ID模式的最新论述出现在 *Ten steps to complex learning* 一书中（中文译作《综合学习设计》[②]）。如表1.1所示，十步骤提供了一个系统的方法来设计基于四成分的教育项目。其中1、4、7、10四个步骤直接与四要素对应，其他步骤都是辅助步骤。步骤2是开发评估工具，用来对学生在学习任务中的表现进行评价。步骤3是用来对学习任务由简到繁进行排序。步骤5和6用来分析认知策略和心理模式，成为支持信息的基础。步骤8和9用来分析认知规则和前提知识，作为程序信息的基础。设计子任务练习通常也需要认知规则。

---

① 杰伦·J. G. 范梅里恩伯尔. 掌握综合认知能力：面向技术培训的四元教学设计模式[M]. 盛群力，等译. 福州：福建教育出版社，2017：6.

② 杰罗姆·范梅里恩伯尔，保罗·基尔希纳. 综合学习设计［M］. 盛群力，等译. 福州：福建教育出版社，2012.

表 1.1　四要素与十步骤

要素	步骤
学习任务	1. 设计学习任务
	2. 开发评估工具
	3. 排序学习任务
支持信息	4. 设计支持信息
	5. 分析认知策略
	6. 分析心理模式
程序信息	7. 设计程序信息
	8. 分析认知规则
	9. 分析前提知识
子任务练习	10. 设计子任务练习

图 1.1 大致展现了为复杂学习设计教学的完整过程。图中的灰色框展现了设计培训蓝图时要进行的十项活动。教学设计者通常运用这些活动来设计有效果、有效率和有魅力的教育项目或者培训项目。

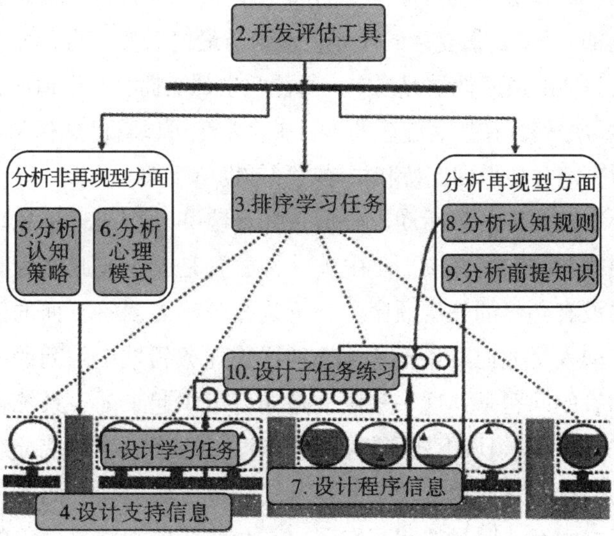

图 1.1　复杂学习设计过程十项活动

设计学习任务是该培训蓝图的核心。对于每个任务类别来说，所涉及的每一项学习任务都应为学生提供具有特定复杂水平的完整任务练习，当学生学习一定变式的完整任务，并达到预先规定的层级标准时，才能进入下一级更复杂的学习任务。

设计支持信息是指为学生提供有关可能帮助学生完成问题解决、推理和决策（也就是非再现型）等方面学习任务的所有信息。设计程序信息是指关于特定的、解决学习问题的例行常规（也就是再现型）方面学习任务的所有信息。最后，如果要发展特定的自动再现型学习任务，自动化要达到一个非常高的水平，设计子任务练习就很有必要。

位于图 1.1 中轴上的两项活动支持着学习任务的设计。在顶部，开发评估工具使我们可以确定学生在多大程度上达到了预先确定的学业表现标准。因为复杂学习面对的是一系列高度整合的学习目标，所以焦点是将复杂技能分解为一个目标层级，这个目标层级能涵盖完成现实任务所需的全部方面，或者说全部组成技能。评估工具应该可以测量学生在每一种组成技能上的表现，并能监控学生在整个学习过程当中的进步，即那种需要长期验证的进步。位于图 1.1 中央的是对学习任务的排序，是对学生将面对的学习任务种类按从简单到复杂的顺序进行排序。它以促进学习最优化的方式将任务组织起来。最简单的任务类别对应学生的起始水平（即他们在刚参加培训项目时已经能达到的水平），最复杂的任务类别则与最终需要掌握的水平相对应。在基于高密度评估的适应性学习当中，每位学生都能拥有一个适应其个人学习需求的独特学习序列。在按需施教的项目中，学生可以自己选择学习任务，不过通常他们做决定时会得到支持和指导（即辅助脚手架）。

图 1.1 中左侧的两项活动，分析认知策略和分析心理模式，支持着对相关知能做出排定。它们在图 1.1 中被并排放置是因为彼此之间有着双向的联系，两者并没有必然的先后顺序。分析认知策略要回答下面的问题：那些高效完成任务的人是如何有条不紊地处理这一任务领域中的问题的？而分析心理模式要回答的问题是：这一领域又是如何组织起来的？系统化解决问题方法（SAPs）[①]，以及领域模式所得出的结果，都被作为某一特定任务类别设计相关知能的基础。从简单到复杂的学习任务排序与对任务的非再现层面开展分析，两者之间有着明显的相互作用：复杂的任务类别比简单的类别更加需

① 杰罗姆·范梅里恩伯尔，保罗·基尔希纳. 综合学习设计［M］. 盛群力，等译. 第二版. 福州：福建教育出版社，2015：165.

要细致精巧的认知策略和心理模式。

图 1.1 中右侧的两项活动，分析认知规则和分析前提知识，为设计程序信息和子任务练习这两项活动提供了支持。这两项活动在图中的位置一上一下，这是因为分析认知规则需要以弄清前提知识为基础。分析认知规则要求确定条件和行动的配对，使得熟练的人在实施任务的常规方面时不需要劳心费神（如果满足条件，那么就采取行动）。而分析前提知识则确定需要了解些什么东西才能正确地运用那些“条件—行动配对”。这两类分析的结果共同构成了设计支持信息的基础。

另外，将“条件—行动配对”确定下来也有助于为子任务练习设计练习题。如图 1.1 中的箭头所表示的那样，有一些活动可以作为其他活动的预备输入。这意味着进行这些活动的最好的顺序可能会是先开发必要的评估工具，接下来分析再现型和非再现型的要求并对任务类别进行排序，最后设计培训蓝图的四个要素。

事实上，之前十个步骤确实是以这种分析顺序来加以说明的。但是在现实的设计项目里，各项活动都彼此影响，互相牵扯。因此，以何种顺序开展这十项活动才是最有效的，这本身很难有一个标准的答案。

第二节　PBL 的理论基础及特点

一、PBL 的理论基础

PBL 即问题式学习。问题式学习与传统的讲授式教学不同。讲授式教学主要是通过教师讲、学生听的方式来学习。问题式学习主要是强调学生自主探究与合作学习，学生在探究与合作的过程中体验、感悟和收获。中国古代的教育家、思想家孔子就曾提出“不愤不启，不悱不发”，其大意就是不到学生努力弄明白还想不清楚的时候不要去开导他，不到学生心里明白但不能很好地表达出来的时候不要去启发他。孔子实际上是在提倡一种启发式教学的思想，可以看出孔子反对纯粹灌输的教学方法，主张在学生独立思考的基础上对学生进行启发与开导。西方先哲苏格拉底的“产婆术”，即“苏格拉底方法”，是西方最早的启发式教学法，该方法通过不断地提问使学生陷入思维的矛盾之中，进而激发、引导学生通过自己的独立思考得出结论。问题式学习从本质上看是通过问题，让学生独立思考，从而最终达到启发学生心智的目的，体现了先贤们的思想。

问题式学习与20世纪最著名的教育家杜威的“做中学”的教学思想相一致。杜威在研究课程的重组中提出：“这些学科可以用来提示需要解决的典型问题，为了解决这个问题就要靠个人的反省活动和实验的方法，要靠获取明确的知识体系，以便日后获得更为专门的科学知识。”[①] 在杜威看来，人在工作和生活中难免遇到困难，将困难明晰化，变成一个要解决的问题，提出解决问题的方案或假设，再将方案或假设进行审慎的推理、论证，在行动中检验假设，从而解决问题。杜威认为，问题解决的过程是一个认识的基本过程。在杜威看来，真正好的学习和教学是通过亲自体验和探究来解决问题、增长经验的。虽然杜威没有明确提出问题式学习这一教学设计模式，但是杜威的教学思想被认为是问题式学习的模型和理论渊源。

建构主义学习观是问题式学习的理论基础。在问题式学习课程中，学生可以自己建构知识，可以与其他同伴相互比较，也可以通过在学习中的经验进一步凝练知识[②]。建构主义在当今教学理论界影响较大。建构主义强调以学生为中心，认为学习的过程是学生主动建构的过程。学生积极主动地建构自己对世界的理解。基于此，建构主义要求教师要转变教学方式，要彻底摒弃以教师讲授为主的教学方式，从而形成新的以建构主义思想为指导的教学模式与方法。有研究者指出，建构主义学习环境包含情境、协作、会话和意义建构四大要素，并提出建构主义学习环境下的教学设计的内容与步骤——教学目标分析、情境创设、信息资源设计、自主学习设计、协作学习环境设计、能引起争论的初始问题[③]。通过分析，我们可以明确地判断出问题式学习本身就可以归类为建构主义教学设计模式的一种。需要指出的是，随着对建构主义研究的逐步深入，有研究者指出了建构主义在不恰当的应用过程中会出现问题，认为以“最低限度教学指导”为标注的建构主义教学范式是不成功的，认为学生尚不具有用科学家的方法来学习科学的知识与能力基础，

---

① 杜威．我们如何思维［M］．伍中友，译．北京：新华出版社，2010：139.

② SAVIN-BADEN M，MAJOR C H．Foundations of Problem-based Learning［M］．Society for Research into Higher Education & Open University Press，2004：29.

③ 何克抗．建构主义的教学模式、教学方法与教学设计［J］．北京师范大学学报（社会科学版），1997（5）：74-81.

认为在某些情况下以直接讲授为主的传统教学比建构主义教学更具有优越性[①]。所以，新型的建构主义教学完全可以不排斥教师的讲解。因此，问题式学习在实践的过程中，也应该积极探讨与传统教学设计模式的优势互补、相互吸纳，并达成共识。

问题式学习是一种教学设计模式，从其实践历程来看，它更是一种课程开发模式。虽然问题式学习的研究已经经历了几十年的发展，也有很多问题式学习的蓝本，但是从实践层面来考察问题式学习课程设计的研究还不多。有研究者在《问题式学习基础》一书中对此做了深入研究，提出了"问题式学习课程实践的八种模式"[②]，分别是：(1) 单模块法。在这个模式中，学生一次只尝试解决一个问题，在解决每一个问题的过程中和导师见面两到三次。(2) 小本经营法。小本经营法指的是在课程设计中一种比较经济的做法，既不会花大量的时间，也不会有太多的资金的投入。这种问题式学习的方式花费的成本会比较低，并且会中断学习项目的其他内容。(3) 漏斗流入法。所谓的漏斗流入法是指通过一定的前期准备，让学生像漏斗引流一样，逐步过渡到问题式学习的一种课程设计模式。(4) 基础法。科学和工程课程中实施基础法问题式学习课程比较常见。人们假设一些知识对另一些知识来说是必要的基础，所以，它们需要在学生开始解决问题前教给学生。(5) 双线法。在双线法中，问题式学习被导师视作课程的重要部分，这种方法可以使得同时使用问题式学习以及其他学习方法的作用最大化。(6) 拼接法。这是一个让学生感受到难度与困惑的复杂方法。学生们同时着手两至三个问题，而这些问题各自不同，且在学科领域上联系不紧密。学生体验到的是离散的、割裂的知识学习过程，而不是整合的跨越学科界限的课程。(7) 整体法。这种方法是基于这样一种原则，即问题式学习不仅是一种教学策略，更是一种课程哲学。虽然有很多人支持这种方法，但在实践中很少有该模式的课程存在。(8) 复杂法。这个模式是一种课程设计方法，该方法超越了科目和学科，也超越了大学的课程规程，该模式包括知识、自我、行动和课程的组织原则。知识领域代表特定学科的能力，行动领域包括了一些在做中被要求的能力。

---

① 何克抗. 对美国《教育传播与技术研究手册》(第三版) 的学习与思考之一——对"建构主义学习原则"和"建构主义教学设计"认识的深化 [J]. 电化教育研究，2013 (7)：5-10.

② SAVIN-BADEN M, MAJOR C H. Foundations of Problem-based Learning [M]. Society for Research into Higher Education & Open University Press, 2004：35.

在这种问题式学习方式中，学生倾向于采用反思性学习方法。他们将学习和认识论看作灵活的实体，意识到除了自己的视角，还有许多令人信服的方法来观察事物，并且认为所有种类的认知都能有效地帮助他们认识世界与自身。这种问题式学习使学生在他人的实践中发展一种批判性姿态，进而发展出他们自己的批判性观点。

从以上八种问题式学习课程运行模式中，我们可以了解问题场景方案应该被视作每一单元的最主要部分。所以，讲座、研讨会或技能实验室等方法可以提供给学生，而不是直接给他们大量的命题知识。设计一个课程，基于内容和学科的知识，然后尝试让它应用基于问题的学习模式，这样常常是会失败的。所以，不管是模块或者整个项目被设计成问题式学习，其出发点应该是将其设计成一系列能让学生变成独立探寻者的问题。这时，学生将知识和认识论视作灵活的实体，并且认为除了他们自己的思考方法，还有其他有根据的方法来探寻世界。

二、PBL 的特点分析

问题式学习不仅是一种教学设计模式，还是一种课程开发模式。问题式学习不仅是一种具体的可操作性的教育方法，一种教育模式，也是一种教育理念，隐含了教育价值观、教师观、知识观和学生观的变革，如图 1.2 所示[①]。问题式学习不仅是针对每一个教学要素的设计，而且是针对整体学习过程的一种设计。不同的研究者和研究机构对实施问题式学习课程提出了几个可供参考的课程开发流程。

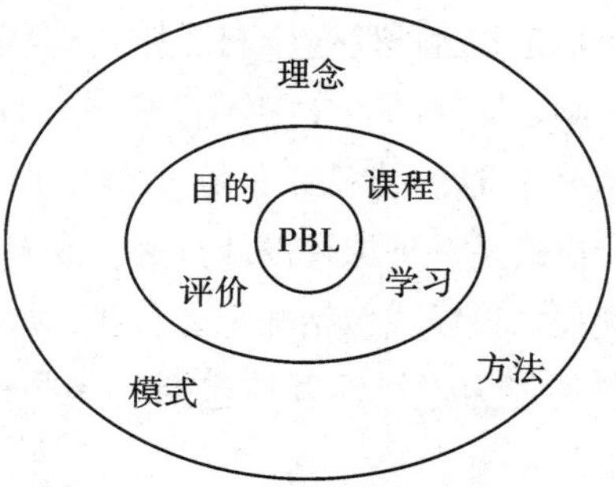

图 1.2 作为一种教育取向的 PBL

① 黄钢，关超然. 基于问题的学习（PBL）导论：医学教育中的问题发现、探讨、处理与解决［M］. 北京：人民卫生出版社，2014：50.

辛迪·希尔弗建构了一个问题式学习的循环圈（如图 1.3 所示），来简要说明问题式学习的过程。学生首先设置一个问题情境，通过情境中的事实对问题进行确认与分析。进一步明确问题之后，学生将会产生可能解决该问题的假设。确认还缺少与问题相关的知识，在该学习循环圈中是很重要的。这些缺乏的知识将是学生自主学习过程中的学习问题。通过自主学习，学生结合他们的所学来应用新知识，验证假设。在完成每个问题的过程中，学生深入思考其所获得的抽象知识[①]。

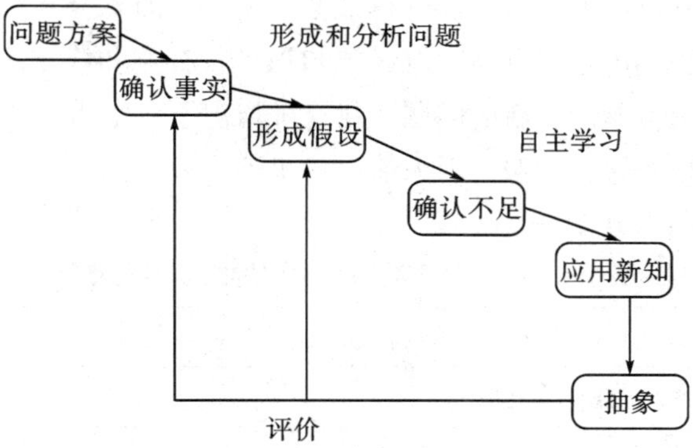

图 1.3　问题式学习循环圈

施米特通过对荷兰马斯特里赫特大学医学院的问题式学习研究进行分析，阐释了问题式学习的七个步骤（如表 1.2 所示）[②]。问题式学习的第一个步骤是要明晰不清楚的术语和概念。首先在小组内部交流讨论，弄清楚术语和概念的定义，也可以借助专业词典。之后，要进一步弄清楚对术语的一致性解释。第二个步骤是要对问题进行严格的定义。小组作为一个整体，对哪些相关现象进行解释要达成一致。在本步骤中，主要应弄清楚哪些问题需要进行解释。第三个步骤是分析问题，分析问题要求仔细熟读文本，弄清楚条件描述，然后明了问题结构的概念与假设，这基于学生的已有知识和理性思考。第三步骤也被称为“头脑风暴”。在该步骤中，小组成员自由发言，发表观点和假设，然后小组共同讨论，仔细分析、补充和修正等，对问题进行深

① HMELO-SILVER C E. Problem-Based Learning: What and How Do Students Learn? [J]. Educational Psychology Review, 2004 (3): 235-266.

② SCHMIDT H G. Problem-based Learning: Rationale and Description [J]. Medical Education, 1983 (1): 11-16.

入细致的分析。第四个步骤是组成一个对问题进行多种解释的系统清单。步骤四可以看成对问题进行深入分析之后的结果，是对问题解决的系统和结构性的概述。第五个步骤是制定学习目标。这是对问题分析阶段出现的问题进行回答，然后找到问题的关键。小组共同选择目标，如果可以的话，分配好学习任务，并找出哪些学习资源对于解决问题是有帮助的。第六个步骤是学生从组外搜集额外信息。组员个人自主搜集关于学习目标的信息。信息来源可以是文献，也可以是视听资料。如果对问题还不是很清楚，也可以咨询相关专家。问题式学习的最后一步就是第七个步骤，即整合并测试新获得的信息。学生报告他们的个人发现，对相关知识进行补充和修正。当然，在信息交流的过程中可能会产生新的问题，在这种情况下，小组可以决定按照问题式学习的步骤流程再走一遍。因为前面的步骤是一样的，因此对问题的深入探讨可以从步骤四开始。

表 1.2　马斯特里赫特大学问题式学习七步骤

步骤一	明晰未知术语与概念
步骤二	定义问题
步骤三	分析问题
步骤四	组成一个对问题进行多种解释的系统清单
步骤五	制定学习目标
步骤六	从组外搜集额外信息
步骤七	整合并测试新获得的信息

哈佛大学医学院提出了问题式学习的六步法（如表 1.3 所示）[①]。与马斯特里赫特大学的七步骤相比，哈佛大学的六步法更强调对知识的归纳总结，从总体来看，循环圈、七步骤、六步法都遵循了问题式学习的基本原理，但都结合实际有所侧重。戴维斯指出，不管采用哪种方法，其基本的概念是一样的，即学生通过积极参与，从样例或者问题走向规则、原理或者概念，归纳所学并能应用到其他的背景或情境[②]。

---

① DAVIS M H. AMEE Medical Education Guide No. 15：Problem-based Learning：A Practical Guide [J]. Medical Teacher，1999 (2)：130-140.

② DAVIS M H. AMEE Medical Education Guide No. 15：Problem-based Learning：A Practical Guide [J]. Medical Teacher，1999 (2)：130-140.

表 1.3　哈佛大学医学院问题式学习六步法

步骤一	学习小组收到问题方案文本（之前没有机会学习该方案）
步骤二	学习小组定义问题
步骤三	学习小组明确学习目标
步骤四	学生独立工作达成学习结果
步骤五	学习小组再次聚会。学生在原有知识的基础上建构新知。学生检查确认自己是否完成了学习目标。为了达到这一目标，可能还需要进一步的个人学习和小组会议
步骤六	小组归纳和总结学习情况。学生概括并将个案情况推广到其他情形中

在问题式学习课程中，第一步是完成学习小组的组建。学生可以选择加入一个学习小组，也可以自己创建一个学习小组然后邀请熟悉的学生加入，或者寻找兴趣相同的参与者一起建立一个学习小组。在课程开始时还没有加入学习小组的参与者将会根据个人特点及兴趣被分配到相应的学习小组。经验和研究表明，自主选择的学习小组能够更好地分配任务，特别是那些有共同兴趣和目标的学习小组。当然，组内成员的多样性也可能进一步丰富组内的讨论。学生在分组的时候，往往要选择一个学习方向。这使得参与者能够找到在同一课程方向中的参与者，然后组建学习小组。所有的小组成员必须在一个学习方向中，因为小组成员会在一起讨论相同的学习问题，并以小组的形式完成个人或小组的任务。

当学习小组组建完成以后，就需要做好小组成员的角色分配工作。首先，小组要讨论并决定由谁来最终确定并且上交课程作业。除此之外，小组可以自行决定小组成员的角色，如果学生愿意的话，在课程学习过程中变换角色也是可以的。在小组中明确和进一步细分角色可以激发和支持合作学习。在问题式学习课程学习小组中主要有以下角色：(1) 学习过程管理者。其主要职责是管理和调控小组学习过程，安排好学习日程，管控学习节奏，在截止时间到来之前提醒学生尽快完成相关学习任务，当学习进程要往前推进的时候，告知组员。(2) 资源搜集者。其主要负责搜集相关资源，并提供给组员。(3) 资源解析者。其主要负责对搜集的主要学习资源进行简单解读，对每一项学习资源做两三句话的说明。(4) 记录员。其主要负责小组活动或者讨论时归纳并记下要点。(5) 术语定义者。其主要任务就是对讨论的核心术语进行界定，并且将术语的定义告知全体组员，以确保小组成员对核心术语的理解是一致的。(6) 报告者。报告者要对讨论进行归纳，最终确定作业并上交。

第二步是学习目标与问题建构。问题式学习课程的目标设计与学生选择的课程学习方向相关。问题式学习是问题驱动型学习模式。问题式学习将学习目标转换为一个个基于真实情境的任务型学习问题，让学生在真实问题情境中，通过解决一个个问题来提升自身的能力水平。因此，在问题式学习中，问题的建构是非常关键的。在建构问题的过程中，首先要考虑到问题与学习目标的关系，在进行问题建构的过程中，要非常明晰具体的教学目标。另外，问题建构要注意问题的复杂性。问题式学习是基于复杂问题的学习。相对简单的问题不需要学生组建学习小组来讨论。所以，在建构问题时一定要考虑到问题的复杂性和开放性。问题的复杂性与学习领域、学习概念相关，也与学生原有的知识相关。因而，在建构问题的时候，还要考虑到学生原有的知识结构和知识内容。

第三步是课程时间安排。以问题式学习为例，若该课程的学习时间总共为 8 周，其具体的时间安排与教学目标一一对应（如表 1.4 所示）。其中第 1～2 周主要是学习问题式学习的基本原理。第 3～6 周将分三个方向学习每个方向的具体内容，主要是对问题式学习中具体问题的分析与解决。第 7～8 周是学习的总结。

表 1.4　问题式学习慕课时间安排

第 1～2 周	第 3～6 周	第 7～8 周
问题式学习基本原则的学习 学习目标 1	方向 1：问题式学习中的教师角色 学习目标 2 和 3	问题式学习原理的运用 学习目标 8
	方向 2：设计问题式学习的问题与课程 学习目标 4 和 5	
	方向 3：问题式学习的组织与评价 学习目标 6 和 7	

第四步是学习互动与评价。问题式学习课程还可以有多种方式通过网络与其他参与者进行互动，如在网络论坛、QQ 群、微信群等网络空间进行互动交流。课程可以为每个学习小组都提供网络空间，便于小组成员进行讨论。讨论部分是对所有课程参与者开放的，包括不是本组的成员。当然，学生也可以浏览其他小组的公共区域讨论，或在其中发表意见，这样就可以和其他小组的学生互动。学生可以对讨论区中感兴趣的话题进行回应或者开启

一个新的讨论话题，也可以自己搜索相关学习资源与小组成员或者在学习社区共享。

问题式学习课程结束时没有终结性考试，主要以同伴评议的方式通过过程性评价来对学生的学习情况进行评估。在报告阶段结束之后，学生将会被要求对小组合作中同伴的表现进行评价。在课程安排中，学生会找到每一个学习方向的任务单和时间表，要求学生在每周结束后，上交一份小作业。当过了交作业的截止日期后，学生可以看到其他小组的作业，有时也会明确要求学生去对其他小组的作业做同伴反馈。作业的截止日期有一定弹性，但学生遵照报告的截止日期就不会错过与其他同伴交流的机会，在完成作业任务的过程中的表现也是同伴评议的重要参照。另外，该课程对于学生的学习进度有一个统计系统，学生和课程管理者都能清楚地了解到学生完成课程任务的情况。

第三节　4C/ID 与 PBL 整合建构的可行性分析

前文已经分别对 4C/ID 和 PBL 的理论基础及特点进行了分析：4C/ID 以整体任务作为课程设计的核心和驱动力，对解决复杂认知能力提供了很大的支持；PBL 以问题作为课程设计的核心和驱动力，对解决真实情境中的复杂问题，提供了分析框架。本节将结合前文的分析，着重探讨 4C/ID 与 PBL 这两种经典教学设计模型在课程开发过程中的理论一致性、实践互补性和现实必要性，并在此基础上探讨构建 4C/ID-PBL 模式的可行性。

一、4C/ID 与 PBL 整合的理论一致性

4C/ID 与 PBL 都受到建构主义理论的影响。范梅里恩伯尔指出 4C/ID 模式显然采用了温和建构主义的观点。它提供给学生重要的、现实的、越来越真实的案例和问题。通过从这些具体的案例归纳和有意义地抽象所获得的图式是主要的学习过程①。问题式学习也明显地体现出建构主义的特点。问题式学习强调学生在具体地分析问题、解决问题中得到学习体验，自主建构知识。

---

① 杰伦 · J. G. 范梅里恩伯尔. 掌握综合认知能力：面向技术培训的四元教学设计模式[M]. 盛群力，等译. 福州：福建教育出版社，2017：262.

4C/ID与PBL都强调学习的整体性。4C/ID模式开发的课程项目，面向整体任务进行设计，非常强调学习的整体性。4C/ID模式的诞生就是为了解决复杂认知学习过程中知识碎片化的问题，认为能力的获得不应是碎片化知识的掌握，而应该是整体任务学习环境中图式的获得。4C/ID模式的心理学基础之一的格式塔理论就把外部环境和学生对环境的知觉、一定情境下的个人意义看作一个有机的整体。因此，4C/ID模式主张必须根据问题的整体性来解释学习①。PBL课程是由一个个基于真实情境的问题而不是学科知识组成，是整体的课程，强调认知能力的获得②，而不仅是学科知识的获得。

4C/ID与PBL都是面向学生，以学生为中心的教学（课程）设计模式。4C/ID与PBL课程设计都是基于整体真实的学习环境，激发学生的学习动机，引导学生去理解、应用、创新知识。问题式学习课程设计模式在兼顾理论与实际的情况下，引导学生增强对知识的理解、推导、应用与创新。

4C/ID与PBL都强调在解决问题的过程中，促进学习发生。范梅里恩伯尔曾专门撰文探讨4C/ID与问题解决的关系。他在《论问题解决与教学促进》一文中，专门对照4C/ID的四个要素来探讨这四个要素是如何促进真实问题的解决的③。PBL就更为直接，问题式学习就是为了将生活中的问题解决，在教学场域中进行课程化的应用，从而培养学生问题解决的能力，最终来解决现实生活中所面对的问题。

二、4C/ID与PBL整合的实践互补性

范梅里恩伯尔教授指出，4C/ID模式的四大基本要素可以与多种著名的教学设计模式进行合作，比如问题式学习（problem-based learning）、项目学习（project-based learning）或者案例学习（the case method）等④。4C/ID模

---

① 艾伦·C. 奥恩斯坦，费朗西斯·P. 汉金斯. 课程：基础原理和问题［M］. 柯森，译. 第3版. 南京：江苏教育出版社，2002：135.

② SAVIN-BADEN M, MAJOR C H. Foundations of Problem-based Learning［M］. Society for Research into Higher Education & Open University Press, 2004：6.

③ 杰伦J. G. 范梅里恩伯尔. 论问题解决与教学促进［J］. 毛伟，盛群力，译. 远程教育杂志，2014（6）：103-109.

④ VANDEWAETERE M, MANHAEVE D, AERTGEERTS B, et al. 4C/ID in Medical Education：How to Design an Educational Program Based on Whole-task Learning：AMEE Guide No. 93［J］. Medical Teacher, 2015（1）：4-20.

式的四个具体的要素与问题式学习中的有关要素可以一一对应（见表1.5）。学习任务与问题对应。在问题式学习中，学习任务被称为问题。学生通常以小组合作的形式分两个阶段来解决这些问题。在第一个阶段，小组成员讨论问题，确定为了解决该问题需要关注的学习主题和达成的学习目标。在第二个阶段，小组成员进行汇报，并试图解决问题。一个好的课程设计，是从一系列的问题中，从真实世界中存在的问题为课程设计的出发点。因此，问题的变式很重要。在课程设计的过程中，变式的各个方面都应该跟现实世界一样。另外，对设计好的问题，要按照由易到难的顺序进行排序，不同难度水平的问题，需要的支持和指导是不同的。4C/ID中的支持信息与学习景象相对应。支持信息是指学生可以咨询、查阅的相关资源，帮助学生解决问题。资源可以是相关任务案例、文章、书籍，或者是网络资源。在两个学习阶段的间隔时间，学生学习有关对解决该问题的文献。在问题式学习中，支持信息通常被称为学习愿景。支持信息与学习任务层级的难度是相关的。4C/ID中的程序信息是指当学生正在做某项任务的时候，当学生正好需要程序性信息的时候，提供给他们。在问题式学习课程中，程序性信息一般是由指导教师提供的，因此，程序性信息与问题式学习中的导师或指导者是相对应的。在问题式学习中，导师会在学生解决问题学习的过程中提供帮助，导师可以在技能实验室中给予学生反馈。因此，程序性信息的呈现，就可以由导师来完成。子任务操练与技能实验室相对应。在问题式学习过程中，为了加强对常规技能的训练，通常有一个叫作“技能实验室”的地方。这与4C/ID中的子任务操练是完全一致的。

表1.5　4C/ID与PBL及其学习过程

	内容	4C/ID	PBL
图式建构	归纳学习	学习任务	PBL问题
	精细加工	支持信息	学习愿景
图式自动化	知识编辑	程序信息	导师角色
	强化	子任务操练	技能实验室

4C/ID模式提出了任务型教学设计的四个要素，四大要素各自对应一类学习过程，但4C/ID模式并没有对具体的教学资源选择、教学媒体支持等方面做出指导。因此，基于4C/ID模式的课程设计中，主要环境设计绝大多数

都与问题式学习、基于情境的学习、基于案例或基于情节的学习环境设计一致，而一些非主要的教学环境设计与支持信息（包括书籍、超文本系统、讲座等）、程序信息（包括在线帮助系统、工作支持、弹出式菜单等）、子任务操练（包括计算机操作软件、专项操练器等）有关①。

4C/ID模式主要聚焦于教学设计的分析与设计阶段，并没有为开发阶段提供细致的指导，另外，4C/ID模式也不包含最终的教学环境设计以及媒体选择的指导。因此，本研究基于4C/ID模式，结合PBL教学设计模式的教学环境设计、媒体选择、教学实施、教学评价等方面的结构模型，探讨既符合教学设计的基本原理又符合相应教学媒体特点的校本课程实施路径。正如范梅里恩伯尔与基尔希纳描述的那样，4C/ID模式与综合学习的十个步骤，结合了问题式学习与建构主义学习的优势，成为设计教育任务的重要基础。他们认为，实际上，4C/ID模式中的四个要素，可以融合到所有教学设计模型中，以促进有效学习的发生②。基于此，本研究在课程设计过程中将综合应用4C/ID模式的基本原理，结合问题式学习中教学环境设计与媒体选择等要素，将4C/ID模式与问题式学习设计相融合，进行课程设计与开发的研究。

三、4C/ID与PBL整合的现实必要性

4C/ID与PBL这两种当代经典教学设计模式的理论对话，一定程度上回答了课堂教学变革的现实关切。在当前的课程教学实践中，以任务为驱动的课堂教学模式和以问题为中心的教学模式都存在，并且取得了一定的教学成果。但如果在任务与问题教学的实践中进一步深化，丰富他们的理论内核，提升课程教学实践的水平，我们认为需要从理论上有所突破。基于4C/ID与PBL的优势构建出基于这两种教学设计模式的新的课程开发模型，有利于回应当前课程教学实践的现实关切。

单纯以任务或者问题为核心驱动的课程开发需要深化。从本质上来看，

---

① VANDEWAETERE M，MANHAEVE D，AERTGEERTS B，et al. 4C/ID in Medical Education：How to Design an Educational Program Based on Whole-task Learning：AMEE Guide No. 93［J］. Medical Teacher，2015（1）：4-20.

② VANDEWAETERE M，MANHAEVE D，AERTGEERTS B，et al. 4C/ID in Medical Education：How to Design an Educational Program Based on Whole-task Learning：AMEE Guide No. 93［J］. Medical Teacher，2015（1）：4-20.

任务型学习是不排斥问题式学习的，两者本身就有理论一致性，这一点在前文中已经论述，但是在实践的过程中，任务型课程往往更多地强调任务解决的重要性而忽视问题探究对课程的驱动。另外，在问题式学习过程中，更多地强调了问题探究的重要性而忽视了整体性学习任务中形成的整体认知在课程开发中的作用。本研究拟通过理论建构，构建出基于任务与问题的课程开发模型来回应这一课程实践关切。在任务型教学中凸显问题解决意识，在问题式课程学习中凸显整体任务的建构，对提升课程实践水平有一定的理论指导意义。

4C/ID 与 PBL 这两种模式的对话有利于培养学生的核心素养。在本研究中虽然主要以校本课程的开发为实践研究的落脚点，但是我们认为 4C/ID 与 PBL 的融合建构模型也将为必修课程的开发提供参照。在当前培养学生核心素养的大背景之下，研究者应在课程开发和实施层面有新的思考。核心素养的培养是教育中的重大命题，即我们到底应该培养什么样的学生，我们培养的学生应该具有什么样的素养。核心素养提出之后，我们就应该关注具体的核心素养如何在实践中落地。核心素养的落地，其关键在于课程的设计与开发。传统的、以知识主题为主的课程，难以让核心素养真正落到实处。以整体任务和问题作为“双核心”驱动的课程开发模型将为核心素养的落地生根起到重要作用。这是因为整体任务问题式学习将打破传统以知识主题为主的学习模式，以整体任务为框架建构课程，并以问题探究为驱动的“双核心”将为培养学生核心素养提供一种可供借鉴的课程开发路径。

第二章　4C/ID-PBL 课程开发框架建构

4C/ID-PBL 模式课程开发框架建构是对基于 4C/ID 和 PBL 这两种教学设计模式进行课程开发的框架性理论建构，同时勾画本研究的实施蓝图与基本路径。本章先对 4C/ID-PBL 模式课程开发框架进行说明和分析，进一步详细阐述、分析该框架模型的核心步骤，即课程目标、课程任务、课程问题以及课程评价，为后期的实践研究提供理论说明。

第一节　4C/ID-PBL 课程开发框架

基于 4C/ID 与 PBL 这两种教学设计模式的数十年的理论与实践研究成果，及这两种模式在理论上的一致性和实践上的互补性，我们认为按照 PBL 的设计思路与流程开发出基于 4C/ID 模式的校本课程，能够针对当前课程实践领域存在的问题提供一种可供参考的解决方案。为此，我们设计了 4C/ID-PBL 课程开发框架图（如图 2.1 所示，下文中简称“框架图”）。

如图 2.1 所示，课程目标（步骤 1）是课程开发的起点，是课程设计、开发、实施过程中始终要关注的核心内容。设定好课程目标后，就需要了解学生的已有知识结构和能力水平。因此，要对学生进行前测（步骤 2）。前测的结果是课程开发的重要参考之一。在课程设计的过程中要重视学生已有的知识水平，在此基础上有针对性地进行课程设计，有时候也需要根据前测的结果调整课程目标的难度。前测应该综合运用多种方式，全面了解学生的现有知识和能力水平。纸笔测试更多用来了解学生的知识储备和文字表达

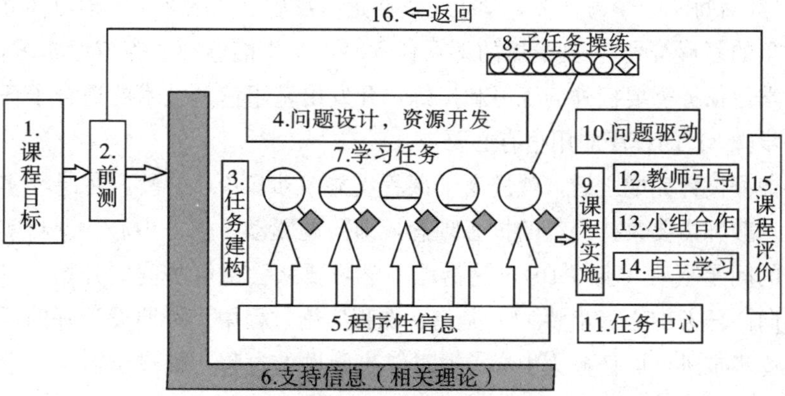

图 2.1　4C/ID-PBL 课程开发框架图

能力，面谈问答和小组讨论观察，可以更全面地了解学生分析、解决问题的能力。需要注意的是，在前测过程中，了解学生分析问题、解决问题的能力很重要。

在明晰课程目标和完成前测之后，就进入了课程的具体设计阶段，设计者首先要进行学习任务建构（步骤 3）。在任务建构的过程中，设计者要根据具体的任务层级，设计出对应的学习问题，做好问题设计与课程资源开发（步骤 4）。课程问题设计要与任务建构中的具体任务相对应。课程资源开发包括学习资源、学习指南、教学指南、评价工具等方面的开发。在进行学习任务的建构过程中要注重整体任务框架的搭建，并在此基础上分析两种不同的学习内容：一种信息是程序性信息（步骤 5），程序信息用来解决学习任务中的再现性问题，侧重于从具体的程序方面，让学生按图索骥，熟悉解决问题的流程；另外一种是支持信息（相关理论）（步骤 6），用来解决学习任务中的创生型问题，侧重于从理论层面来支撑整个学习过程，因此该信息贯穿于整个课程学习阶段。建构好学习任务之后，设计者要进行学习媒体的选择。在信息时代，不同的学习资源都可以统摄在课程设计过程中，这打破了一本教材打天下的局面。学习媒体可以是纸质文献、视频资源、网络媒体等，在进行学习媒体选择的过程中设计者可以设计一定的媒体资源供学生学习，也可以提供一定的文献搜索路径、方法，让学生自己去查阅文献，搜集资源，进一步形成适应学生学习个性的教学媒体资源。在任务的学习过程中（步骤 7），教师对学习的支持与指导是逐步递减的（如图 2.1 中大圆的阴影部分逐步减少）。针对每一个学习任务，学生也需要进行反思（如图 2.1 中学习任务大圆右下角的菱形符号）。到最后的学习任务时，学生能够独立完成好学习任务。有些学习任务需要额外的练习和操练，开发出基于信息技术的适合子任务操练（步骤 8）的程序应用很有必要。

课程设计完成之后，就进入了课程实施（步骤 9）阶段。在课程实施过程中，教师需要秉持课程的核心理念，即问题驱动、任务中心。课程实施过程中的问题驱动（步骤 10），是指课程学习要从尝试解决问题开始，以问题为导向。任务中心（步骤 11）是指在课程实施过程中，按照设计好的任务层级，逐步推进，以任务为中心，通过解决问题的过程，推进学习，让学生形成解决问题与任务的图式。在课程实施过程中，教师的角色定位要准确。教师作为课程的引导者一定要避免大包大揽，要改变传统以知识传授为主的教学方式。在课程实施的过程中，教师给予学生必要的引导（步骤 12），观察整个课程实施的过程，发现课程实施偏离课程目标时，给予一定的分析指导和调控。除了教师的引导，在课程实施的过程中，需要注重小组合作学习和自主学习的设计安排。小组合作学习（步骤 13）一般是基于学生共同的学习志趣和学习主题而定，当然也可以根据学生之间的互补性确定学习小组。设定学习小组、开展小组合作学习是任务型学习过程中非常重要的环节。分好小组之后，学生要进行小组讨论，针对课程设计任务中的问题分析，对产生的问题进行探讨，找出解决问题的初步方案。一般来说，都需要经过多次讨论和小组的合作学习才能找到最终的解决方案。在课程实施过程中，学生的自主学习也是很重要的。合作学习与集体讨论能够产生观点的碰撞，但往往能力的获得与提升也需要学生个体安静地思考，自主学习同样很重要。每次小组讨论后，教师应要求学生根据讨论结果进行自主学习（步骤 14），查找资料，解决问题，为下次讨论做准备。

课程评价（步骤 15）是对课程进行质量检测的重要环节，是衡量课程效果的重要依据，在课程评价过程中，要注重终结性评价和形成性评价的统一。课程的评价是课程实施过程中非常重要的步骤。在课程评价的过程中一定要注重形成性评价，这就要求在课程实施的过程中要做好课程实施的记载。另外，课程评价也要关注最终的结果，关注在解决问题过程中学生所做的贡献，不能简单地把学习成果作为课程评价的唯一依据。课程评价也是检验课程实施效果的重要参照，如果在一次课程实施过程中没有很好地达成课程目标，需要返回（步骤 16），再一次经过课程实施的环节循环。在第二次循环的过程中，实施者要再一次检测第一次实施过程中的问题，对相关任务和问题进一步深入分析，通过再次返回循环学习，最终达到学习目标完整实现。

当然，以上图式步骤虽然具有一定的线性顺序关系，但在具体的课程开发实践过程中，并非严格按照线性顺序实施。在课程设计的各个环节都可能需要根据具体的情况对前期的步骤进行调整。在课程实施的过程中，也需要根据实施的具体情况，再来对课程的具体设计进行进一步的完善。

第二节　4C/ID-PBL 模式课程目标

尽管人们对教育的目的存有争议，但很少有人会认为教育是不具目的的。人们编制课程、实施课程或者探讨学校及其课程的本质都是带有某种意图的[①]。如果教师能在一开始就直接考虑教学目标，则整个设计过程会更有效[②]。教学目标的设定就为整个课程的实施提供了中心目标、教学意图，明确的课程目标也为学生的学习提供了引导，同时为课程评价提供了方向。关于课程开发过程中是否采用目标模式，在课程研究史上存在着不同的观点。有研究者对此做了总结，如表 2.1 所示。

表 2.1　课程史有关教育目标主要观点[③]

内容	阶段		
	第一阶段	第二阶段	第三阶段
主要观点	1. 强调课程设计。 2. 不太精确的教育目标。	1. 为了交流和规划。 2. 受认知学习理论影响的行为目标。	1. 为了评价和评定。 2. 非常精确的操作性目标。
代表人物	泰勒 塔巴	布卢姆	Mager Popham

① 艾伦·C. 奥恩斯坦，费朗西斯·P. 汉金斯. 课程：基础原理和问题［M］. 柯森，译. 第 3 版. 南京：江苏教育出版社，2002：285.

② 诺曼·E. 格朗伦德，苏珊·M. 布鲁克哈特. 设计与编写教学目标［M］. 盛群力，郑淑贞，冯丽婷，译. 第八版. 北京：中国轻工业出版社，2017：3.

③ 罗厚辉. 课程开发的理论基础［M］. 济南：山东教育出版社，2002：117.

中国香港学者罗厚辉对课程目标模式有关的问题进行了较为深入的分析，一方面认为清晰的课程目标为课程内容的选择和教学的组织提供了依据和指导，另一方面又认为对待儿童像对待工厂里的原料一样，按照经济的需要而规定和控制他们的形状和质量是不人道的。罗厚辉提到斯基尔贝克把课程目标定义为“学生预期的学习，是教师进行的活动及教师影响的相关的活动，它影响或产生学生的学习”。斯基尔贝克进一步为校本课程开发中目标的使用提供了模式：分析情境，界定目标，设计教学计划，解释和实施教学计划，评价和评定①。综合分析，我们认为课程需要课程目标的指引，但是课程目标中的行为目标和操作性目标的设定需要谨慎，防止陷入工具性教育观而妨碍学生作为理性的人的成长。

4C/ID-PBL模式是希望解决复杂认知能力的相关问题，培养学生的高阶思维，因此，4C/ID-PBL模式校本课程的目标设计（框架图步骤1）应是指向较高水平学习结果的目标。通过课程学习，学生所能达到的目标，应是能够解决学习中复杂的问题，如问题解决、推理、思维技能以及其他复杂类型的综合性问题。所以，在具体设计课程目标之时，需要结合4C/ID-PBL模式课程的特征要求，着重关注整体任务学习过程和综合性学习结果。

本研究以加拿大不列颠哥伦比亚大学教授彼得·塞沙斯和汤姆·莫顿研究提出的六大历史思维概念为主要参照课程标准，结合4C/ID-PBL课程开发模型，设计出以培养学生的历史思维能力为主要学习结果的课程目标。

为什么要选择历史思维能力作为课程的主要目标呢？这是因为当前的历史教学以应对标准化测试为主要教学参照标准，教学内容与方法等都过于僵化和教条，对历史学科本身的思维品质和能力关注不多，历史思维对于历史教育有着无可替代的核心作用，学生在接受教育的过程中应当逐步像真正的历史学家一样提升历史思维能力。校本课程设计应该重点关注学生历史思维能力的培养，提升学生的历史学科核心素养，以弥补当前必修课程之不足。

本研究引入加拿大六大历史思维概念，并将该内容在国内进行实践，其目的在于进一步探讨历史思维能力概念的本土化和合理性。加拿大六大历史思维概念经过了近10年的研究，已经取得了重要成果，在重要的历史思维概

① 罗厚辉. 课程开发的理论基础［M］. 济南：山东教育出版社，2002：122.

念的建构上达成了一定的共识，并且在加拿大中学教学中已经开展了部分实践，这对于我们进一步深入研究历史思维概念，培养学生的历史思维能力具有重要的价值和意义。因此，本课程的主要目标就是通过教学设计、借助历史思维概念模型开发适合学生学情的校本课程，培养学生的历史思维能力。

历史思维项目致力于研究6种彼此区别但又紧密联系的历史思维概念。要做到用历史的思维进行思考，学生需要具有6种思维能力，即：(1) 建构历史意义；(2) 使用第一手史料进行实证；(3) 识别历史的延续与变迁；(4) 分析历史原因和结果；(5) 用历史的视角看待事物；(6) 理解伦理维度的历史解释①。综合来看，这些概念将历史思维与历史素养中的能力联系在了一起。在此情况下，“历史素养”一词的含义就是通过充分地接触历史文本，来深入理解历史事件和历史进程。具有历史素养的公民会具有判别各种观点的合理性的能力。比如他们能够对“大屠杀不存在”“奴隶制对于黑人来说并不是灾难”“原住民的权利有历史基础”以及“俄罗斯在阿富汗所遭遇的一切能够为加拿大的行动提供警告”这类的观点做出判断。他们能通过深思熟虑对一些争论提出自己的解释，也能够质疑一些史料的来源。他们深知，一部历史剧或电影可以看上去很实在，但它所反映的史实不准确。他们也能明白在历史文献中一个脚注的重要性。他们能够察觉到正确运用与滥用历史之间的区别。历史思维只在学习研究真实历史的时候，才有可能被培养。这些概念并不是抽象的技能，恰恰相反，这些概念提供了形成历史学的实践的框架。有关基于4C/ID-PBL课程开发模型的“历史思维能力培养”校本课程目标的具体设计，将在课程设计部分呈现。

第三节　4C/ID-PBL 模式课程任务

传统的学校学习任务都是高度人为编制的、结构良好的、明确界定的、短期的、面向个人的，并且试图设计出最适合教学而不是面向现实生活的内容②。整体任务学习模式是为学生设计学习任务的指导性框架，学生能在整

---

① SEIXAS D P, MORTON T. The Big Six Historical Thinking Concepts [M]. Toronto: Nelson Education Ltd., 2013: 10-11.

② 杰罗姆·范梅里恩伯尔，保罗·基尔希纳. 综合学习设计 [M]. 盛群力，等译. 第二版. 福州：福建教育出版社，2015: 47.

体学习任务中发展丰富的心智模式和认知策略，并能在复杂多变的真实环境下有效地分析和解决问题。在4C/ID-PBL模式课程任务的建构（框架图步骤3）过程中，就是要构建整体的任务学习环境，并明确每一个具体的学习任务以及学习任务之间的关系。课程任务建构给学生提供一个渐进的学习路径指导，学生按照这样的学习路径开展学习能够形成整体的思维框架，在整体思维框架和认知策略的指导下形成综合的思维能力与解决复杂问题的认知能力。

在4C/ID-PBL模式课程中，学习任务建构是任务型课程设计的中心环节。课程任务建构将知识、技能和态度进行有机整合，以此来培养学生的思维能力。本研究试图通过学习任务课程的建构，培养学生六大历史思维能力。在学习任务的开发过程中，要注重学习任务开发的原则的应用，并参考学习任务开发的基本步骤（见表2.2）。

表2.2　学习任务开发的相关原则与步骤①

原则： 1. 真实生活环境，整体任务实践。 2. 任务类别组织。 3. 由易到难的学习任务类别排序。 4. 同一任务类别里，任务的复杂程度和知识要求相当。 5. 在同一任务类别里，要有较高的变式度。 6. 辅以支架：在同一任务类别中，逐步减少支持与指导。
步骤： 1. 设计学习任务——设计一系列典型的学习任务，以使得整个课程中的整体复杂技能的目标能够达成。 2. 开发评估工具——尽量清晰表达需要达成的目标，告知学生他们学习表现的质量并决定他们是否达到了学习目标。 3. 排序学习任务——通过逐步增加任务的复杂性，同时逐步减少支持与指导的方式来优化学习过程。

① VANDEWAETERE M, MANHAEVE D, AERTGEERTS B, et al. 4C/ID in Medical Education: How to Design an Educational Program Based on Whole-task Learning: AMEE Guide No. 93 [J]. Medical Teacher, 2015 (1): 4-20.

整体任务问题式学习课程设计模式主要涉及以下课程环节：澄清与定义问题，制订计划，收集数据并进行推论，数据分析，总结出最佳绩效。以上课程的环节设计可以看成课程设计整体任务层面的一级任务。在一级任务之下又会衍生出二级任务（详见图 2.2）。在课程设计的具体任务分析过程中，需要注意各个任务之间是有着密切联系的，如各一级任务之间具有先后关系，即需要先完成之前的任务，之后在此基础上完成后期的任务。

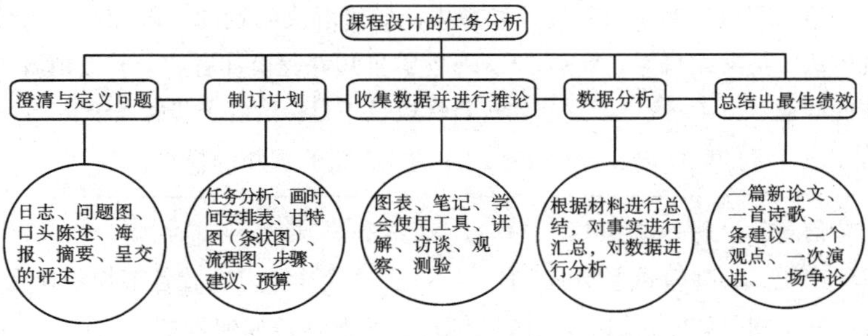

图 2.2　课程设计的任务分析图

课程设计的主要任务框架基本明晰之后，就要进行课程设计整体框架的搭建。下面就结合 4C/ID 模式的核心概念来进行课程任务设计框架搭建（详见表 2.3）。在框架搭建的过程中，首先要进行任务类别的区分，根据课程设计的难度，区分出不同的任务类别。不同的任务类别代表课程设计任务的不同难度。一般来说，低难度的任务先呈现，高难度的任务后呈现，由易到难。任务类别区分好之后，还要根据每一个任务类别的任务情况选定支持信息和程序信息。支持信息是支持整个任务类别的理论说明，用来解决创生型（非再现型）问题。程序信息是指支持个别学习任务，用来解决再现型的学习任务，通过程序模式，形成认知模式。对于再现型学习任务，最终通过专项任务操练来进行强化，让学生最终熟练，形成操作的自动化。

表 2.3　4C/ID 模式课程任务设计框架

任务类别 1
课程设计者将要面对的是这样的情形：课程领域的相关概念已经清晰界定，课程目标非常明确。课程的设计路径也非常清晰，相关的课程资源也都有提供。

续表

<table>
<tr><td colspan="2">任务类别 1</td></tr>
<tr><td colspan="2">支持信息：示范样例
课程设计者观摩课程设计专家如何设计课程，在这个过程中专家解释为什么要这样设计课程。</td></tr>
<tr><td colspan="2">支持信息：呈现认知策略
呈现给课程设计者在课程设计领域内，如何解决问题的一般知能，系统化解决问题方法（英文缩写为 SAPs）。SAPs 能够告知课程设计者如何有效地解决某一个具体的问题。SAPs 规定了逐步实现目标以及子目标的各个步骤与子步骤。SAPs 还会对完成任务的顺序以及各个任务之间的关系进行清晰的描述。</td></tr>
<tr><td colspan="2">支持信息：呈现心理模式
一般来说，心理模式主要指三种，即概念模式（特定领域各事物是什么），结构模式（各事物是如何组织的），因果模式（各事物是如何发挥作用的）。在课程设计中，首先，要弄清楚有关课程设计的基本概念，明确概念模式。其次，要弄清楚课程设计各事物之间的结构关系。最后，还要弄清楚课程设计后，学习是如何发生的，弄清楚课程发挥作用、学习发生的因果模式。</td></tr>
<tr><td colspan="2">学习任务 1.1　案例学习
提供给课程设计者三个有关课程设计的优秀案例。每一个案例都在不同的学科设计了问题式学习的课程教案、课程设计内容等。课程设计者必须研究这些案例，并且解释不同的案例之间具有怎样的联系，让课程设计者能够概要性地了解课程设计的基本框架。</td></tr>
<tr><td>学习任务 1.2　补全学习
提供给课程设计者有关课程的不完整案例，让课程设计者根据前期案例学习的有关内容，把相关案例补全。</td><td>提供程序信息
◆课程设计的基本程序
◆课程案例撰写的基本程序</td></tr>
<tr><td>学习任务 1.3　常见任务
提供给课程设计者要解决的主要问题，明确学习的目标是设计基于教学设计理论的课程，请课程设计者结合教学内容，完成教案的撰写等。</td><td>提供程序信息
◆课程设计的基本程序
◆课程教案撰写的基本程序</td></tr>
</table>

续表

<table>
<tr><td colspan="3">任务类别 2</td></tr>
<tr><td colspan="3">课程设计者将要面对的是这样一种情形：课程设计的领域内相关概念已经被清晰界定，这一学科领域有关内容较多，但主要只设计一个学科的某一方面的内容，所以，只需要根据要求，将学科的教学内容与课程设计模式进行融合，就能完成课程的初步设计。</td></tr>
<tr><td colspan="3">支持信息：案例学习法
向课程设计者提供三个有关课程设计的正确案例，每一个案例都使用了基于 4C/ID 和 PBL 的课程设计模型。</td></tr>
<tr><td colspan="3">支持信息：探究心理模式
让课程设计者进一步了解运用 4C/ID 模式和 PBL 进行课程设计的原因及这种模式具有怎样的优势。</td></tr>
<tr><td>学习任务 2.1　模仿解题法＋约束条件
向课程设计者提供有关课程设计的正确案例，其中包括了课程目标、课程内容、课程教案等。再向其提供类似的课程设计要求，目的是希望其能够模仿所提供的案例，形成自己的课程设计思路，并且最终完成课程设计。</td><td>提供程序信息
◆具体说明，如何运用 4C/ID 模式和 PBL 设计课程</td><td rowspan="3">安排专项操练
◆练习、熟练设计流程</td></tr>
<tr><td>学习任务 2.2　补全解题法
向课程设计者提供要设计的课程，然后在课程设计的某一个环节空出，让课程设计者补全。</td><td>提供程序信息
◆提供该补全任务的具体程序</td></tr>
<tr><td>学习任务 2.3　常规解题法
向课程设计者提供课程设计的问题，让课程设计者完成课程设计的基本方案。</td><td>提供程序信息
◆具体说明课程设计模型的设计思路</td></tr>
<tr><td colspan="3">呈现支持信息：认知反馈
向课程设计者提供有关完成学习任务 2.3 时所采用的方法是否合理有效的反馈。</td></tr>
</table>

续表

<table>
<tr><td colspan="3">任务类别 3</td></tr>
<tr><td colspan="3">课程设计者将要面对的是这样一种情境：课程设计的目标没有得到清晰的界定，课程内容有关概念还存在着争议。课程设计者的内容可能涉及多个学科或者多个领域，在课程设计的过程中，需要对课程内容进行整合。所以，除了按照课程设计的流程操作之外，其还需要根据课程设计过程中出现的情况，对课程设计的流程等进行合理的调整。</td></tr>
<tr><td colspan="3">呈现支持信息：呈现认知策略
采用系统化解决问题方法来确定课程设计的内容及其先后顺序。</td></tr>
<tr><td colspan="3">呈现支持信息：呈现心理模式
◆提供课程设计者能够弄清楚相关概念的支持。
◆根据学习内容的特点，提供课程设计者各内容的组织方式及其之间的相互关系等。</td></tr>
<tr><td>学习任务 3.1　补全解题法＋逆向解题法
向课程设计者提供不完整的课程设计案例，让其补全，或者提供课程设计的结果，让其逆向设计课程的其他内容。</td><td>提供程序信息
◆提供具体的解决问题的程序</td><td rowspan="2">专项任务操练
◆有关方法的操练、熟悉</td></tr>
<tr><td>学习任务 3.2　常见解题法
向课程设计者提供课程设计目标，让其完成课程设计。</td><td>提供程序信息
◆提供具体的解决问题的程序</td></tr>
<tr><td colspan="3">呈现支持信息：认知反馈
◆向课程设计者提供有关解决学习任务 3.2 时所采用的方法是否合理有效的反馈。</td></tr>
</table>

上述课程框架设计，实际上体现了 4C/ID 模式的主要学习过程及其要素。4C/ID 模式体现了学习中的图式建构和图式自动化的过程，通过课程设计，让这两个过程融为一体。在运用 4C/ID 模式进行课程设计的过程中，

设计者要注重对应要素媒体的选择。不同的媒体选择与4C/ID模式的学习过程及学习发生的机制都有密切关系（详见表2.4）。因此，在进行课程任务的设计过程中，要关注媒体的选择，特别是在当前信息化时代要注重信息媒体的选择。在4C/ID模式中，程序信息和子任务练习（专项任务操练）等内容，可以借助现代信息手段来进行设计、操练，特别是对于图式自动化的内容，通过创建基于计算机的操作系统，能够快速、高效地达成课程学习目标。

表2.4　4C/ID模式与媒体选择

学习过程		要素	传统媒体	新媒体
图式建构	归纳学习	学习任务	真实的任务环境、角色扮演、项目组、问题式学习小组	计算机模拟任务环境、高保真模拟器、教育游戏
	精细加工	支持信息	文本教材、讲座、直观教具	超媒体、多媒体、网络、社交媒体
图式自动化	知识汇编	程序信息	身旁助理、作业辅助程序、学习教具、快速参考指南、手册	移动技能、在线帮助系统、电子业绩支持系统、增强现实
	强化	子任务练习	纸笔练习、技能实验室、实验、真实任务环境	基于计算机的操练系统、子任务训练器

课程任务设计要将复杂程度相当和知识需求程度相似的学习任务分到同一任务类别。当然，在同一任务类别中，每一个子任务的复杂性是大致相当的，但也存在子任务在某些方面的差异。在同一任务类别中，支持和指导是逐步减少的。第一个任务得到的支持与指导最多，最后一个任务得到的支持和指导较少或者没有。本研究引入加拿大不列颠哥伦比亚大学教授彼得·塞沙斯等的六大历史思维概念作为课程的目标，来设计和开发学习环境，构建了课程学习任务的初步设计图，如图2.3所示。

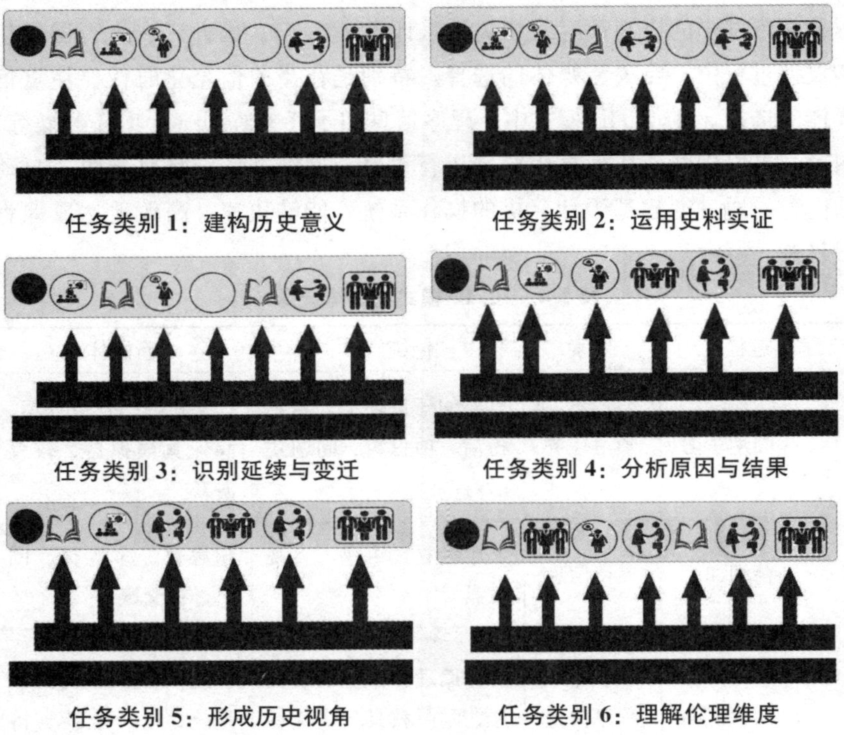

设计说明：

每一个任务类别出现时，都需要一个实践案例作为课程的引入，同时还需要学生完成自我评估，评估的目的在于帮助学生了解自己对于该内容到底了解到何种程度，然后根据课程的任务设计，完成相应的课程学习任务。

图 2.3　历史思维能力培养课程的任务类别概要

每一个任务类别都以一个实践案例作为导入，在学习完实践案例之后，学生可阅读相关文献（支持性理论信息，如图 2.4 黑色条状 I）。这一任务完成后，再提供与下一任务相关的程序性信息，如图 2.4 中的黑色条状及其向上的箭头，图中的 H 部分。当学生在进行课程学习时，他们会对课程结构和任务数量有一个整体的认知，同时也会了解每一个学习任务类别的预期学习目标。在历史思维能力培养课程中，任务类别主要被分成六个类别（见图 2.3）。第一个任务类别是建构历史意义。下面结合建构历史意义的任务设计概览图来说明各图标的意义。如图 2.4 所示，图中图标 A，实心黑圆，是课程样例。

课程样例作为课程的引入部分，先让学生概要地了解该任务类别的整体任务情况的案例。之后，学生完成有关任务的阅读，如图中的B图标。在阅读的过程中，学生通过文献学习，进一步加深对任务的理解。图标C是教师讲述，在样例学习和自主阅读之后，教师再对本类别的学习任务进行说明介绍，这时候学生可以提问，与教师互动交流。图中的图标D是学生开始自主完成具体的学习任务，在完成任务的过程中，学生可以通过网络等查阅有关资源。E图标是学习任务中的自选任务，自选任务是学生可以根据自己的学习情况来决定是否选择有关任务来学习。图标F是学生合作学习完成的任务。合作学习是问题式学习课程中非常重要的一环。G图标的讨论、交流、报告，课程学习过程中，同伴的相互交流、学习成果的报告等是问题式学习过程中必不可少的环节，通过交流、报告，学生与同伴有更多磋商的机会，能进一步提高沟通、表达等方面的能力。

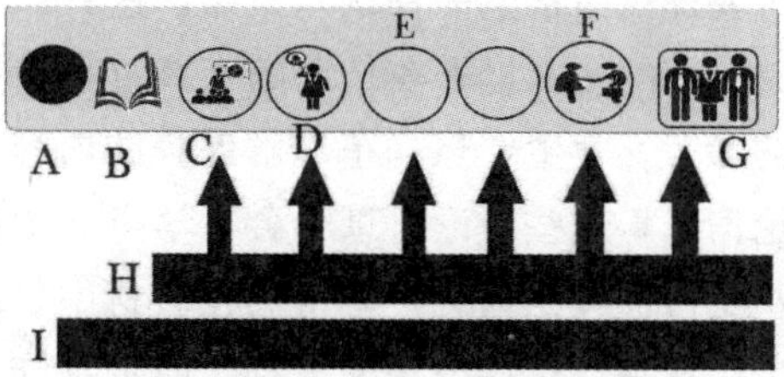

图2.4　任务类别1：建构历史意义

在“历史思维能力培养”课程的任务类别（见图2.3）中，六个不同的任务类别既有联系也有区别。联系在于六大历史思维能力从培养历史思维能力层面来看，六大历史思维概念是一个整体，是一个问题的六个部分。区别在于六大历史思维概念本身各有侧重，对于学生历史素养的培养是有不同的。因此，在具体的任务设计过程中，也要体现出它们的区别。“任务类别2：运用史料实证”需要对史料进行考证，强调了合作学习。“任务类别3：识别延续与变迁”更多地强调了文献阅读的重要性，对历史的延续与变迁，需要学生通过文献阅读，建立宏观历史视野才能把握历史的延续与变迁的大势。“任务类别4：分析原因与结果”更多地需要学生多次汇报研讨，因为历史事件的原因与结果不是一个简单的推理的过程，需要集合大家的意见尽量形成共识。“任务类别5：形成历史视角”既强调了合作学习也强调了交流研讨，因为学生历史视角的形成除了阅读文献之外，也需要更多的合作研讨。

“任务类别 6：理解伦理维度”更早就开始了交流研讨，因为伦理维度的话题本来就可能存在争论，不同的学生有不同的观点，因此交流研讨就需要更早地介入。

在整体任务课程设计中，支持性信息（一般指相关理论信息）设计是帮助学生进行学习任务中的问题解决或者推理的理论设计，着重解决问题中的创生型问题。本课程首先要让学生理解六大历史思维概念的基本理论，并对问题式学习有一个整体的概要性理解，并在此基础上对具体的支持性理论进行进一步的细化。认知图式是支持信息理论的主要反映，其主要包括两个方面：一是认知策略，二是心理模式。认知策略提供解决问题的系统方法，如启发式方法。心理模式主要是反映该学习领域是如何组织的，心理模式可以是学生自我建构的过程，也可以是学生根据学习过程逐步调整原有心理模式的重构的过程。支持信息设计的基本原则就是给学生提供一种解决问题的系统方法。理论的分析要提供给学生一种认知策略。这种认知策略可以来自相关领域的专家，相关领域的行家里手在长期的实践过程中形成的解决问题的模式可以作为重要的参考。学生要想真正理解课程的内容，就需要认真学习课程中的支持性理论信息，这些理论信息将会在学生已知和未知之间架起桥梁。一般来说，这些支持性理论信息，常常会在教材中呈现，或者由教师直接讲述。支持性理论信息是针对一个任务类别，而不是针对具体的某一个任务。认知策略能够使学生系统、有序地完成任务和解决问题。认知策略可以通过系统化问题解决方法来进行具体的说明。SAPs 能够告知学生如何有效地解决某一个特定任务领域内的问题[①]。SAPs 首先要明确任务的基本目标，并在此基础上对学习任务以及各个子任务进行排序，排序的过程中要明确任务以及子任务之间的关系。另外，SAPs 还应该指出实现任务目标的具体方法。心理模式要求学生在某一学习领域内进行推理。心理模式是学生对具体的学习领域形成的某种心理认知图式。心理模式有助于任务执行者理解该任务领域、进行推理、做出解释以及预测未来的行为[②]。

图 2.5 是培养学生历史思维能力课程中建构历史意义的一个 SAPs 图。

---

① 杰罗姆·范梅里恩伯尔，保罗·基尔希纳. 综合学习设计［M］. 盛群力，等译. 第二版. 福州：福建教育出版社，2015：133.

② 杰罗姆·范梅里恩伯尔，保罗·基尔希纳. 综合学习设计［M］. 盛群力，等译. 第二版. 福州：福建教育出版社，2015：169.

我们可以看到SAPs图明确了课程任务之间的关系，并且对其顺序进行了编排。通过SAPs图，我们能够较为清晰地了解课程的核心任务，以及任务之间需要注意的问题。

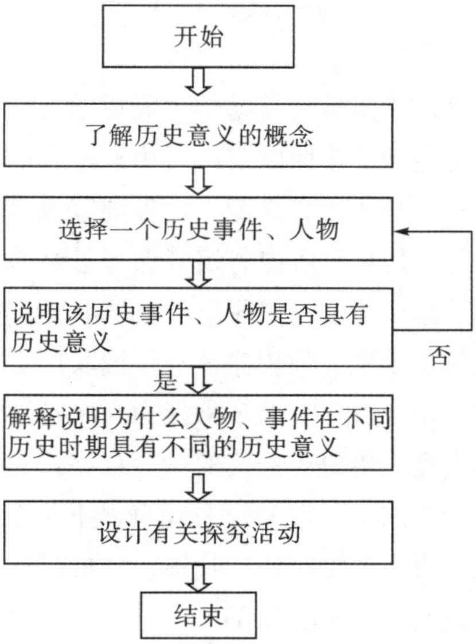

图2.5　建构历史意义的SAPs图

认知策略分析完成之后，就需要进行领域模式的分析。领域模式聚焦世间万物（也就是相关的领域）是如何组织的，具体描述了领域内的各要素以及各要素之间的关系[①]。前文所述心理模式是关于事物是如何组织的表征，实际上也就是形成了一种领域模式[②]。主要的领域模式有三种：概念模式、结构模式和因果模式。概念模式就是要向学生呈现概念，并让学生理解概念本身，帮助学生回答"是什么"的问题。如在构建历史意义的过程中，学生需要首先要知道历史意义指的是什么。概念模式教学可以关注以下几种具体的概念教学方法：通过概念分解来理解概念；依据概念的主要特征来说明和区分其他概念；通过对同类型概念进行概括，找出上位概念的方法来理解概

① 杰罗姆·范梅里恩伯尔，保罗·基尔希纳. 综合学习设计［M］. 盛群力，等译. 第二版. 福州：福建教育出版社，2015：135.

② 杰罗姆·范梅里恩伯尔，保罗·基尔希纳. 综合学习设计［M］. 盛群力，等译. 第二版. 福州：福建教育出版社，2015：169.

念；通过对照、对比的方法来比较异同进而区分不同概念。结构模式主要描述领域内相关事物之间的关系，在时间上和空间上如何关联。因果模式是聚焦领域内各事物之间如何彼此影响的，因果模式着重在于回答“为什么”的问题。因果模式可以用来解释事物之间的关系，或预测事物的特定状态的走向。

程序信息或者是即时支持旨在帮助学生完成学习任务中的常规方面。所谓的常规方面，就是学生能够按照既定的规则程序来做。程序信息能够促使学生形成自动化的图式。在历史思维能力培养课程设计中，首先要设计历史小论文的撰写规则程序。历史思维能力培养课程最终希望达成的目标是学生能够自觉运用有关历史思维能力，撰写出历史小论文。所以，在教学过程中，也要提供给学生撰写历史小论文的程序信息。撰写历史小论文是非常复杂的任务，需要运用到历史学习过程中的多种能力，而且涉及历史学习的几乎所有素养。因此，给学生提供历史小论文的撰写程序，对于初学者掌握论文写作的基本思路是很有必要的。一般来说主要有以下几个步骤：(1) 确定研究主题；(2) 查找、选择历史资源；(3) 收集、记录信息资源；(4) 运用证据证明观点；(5) 撰写论文（详见表 2.5）。

表 2.5　历史小论文撰写程序

第一步：确定研究主题	第二步：查找、选择历史资源
1. 明确研究问题。 2. 确定研究关键词。 3. 明了研究计划概要。 4. 思考预期的信息来源。	1. 列出文件、图片、资源的清单。 2. 区分第一手、第二手历史资料。 3. 列出有关网站资源清单。 4. 确定有关历史资源。
第三步：收集、记录信息资源	第四步：运用证据证明观点
1. 摘录与研究问题有关的信息。 2. 明确基本观点与视角。	1. 概括所收集的信息。 2. 选择引用、图片等来支持主要观点。 3. 提出论点。 4. 选择证据证明观点。

第五步：撰写论文
1. 构建论文框架。 2. 撰写论文。 3. 检查论文框架。 4. 修改文本，最好能够同伴评议一下。 5. 审校。

在本课程设计过程中，合作学习是非常重要的组成部分。因此，课程设计要让学生明晰合作学习的程序与规则。合作学习是一种教学理论，是支持性理论信息。另外，课程设计也要让学生明晰合作学习的基本流程。合作学习在不同的领域应用时，其流程会存在一定的差异。在问题式学习课程中，合作学习首先需要学生进行分组，就某一个共同话题展开研究。在分组的过程中也存在方法问题。一般来说，分组要考虑到组员之间的互补性，也就是组间异质。除了分组之外，更为重要的是在课题学习的过程中，确实将合作学习的内涵和意义真正发挥出来，避免出现假合作等问题。在课程设计的过程中，我们要求学生在组内再进行分工，分工明确之后，让小组成员明晰自己在组内的角色和承担的任务，而这种分工是基于学习任务的分工，而学习任务又构成一个完整的整体任务，因此，分工之后的合作就能够共同完成这个整体的学习任务。小组记录员是合作学习中非常重要的角色，他应把小组合作学习的过程记录下来，便于指导教师清晰地了解小组内部成员之间的合作效果。小组合作中的讨论是非常重要的，讨论时也要注意讨论的规则与程序。讨论是一个非常费时间的学习活动，因此，课程设计要设定好讨论程序，尽可能地合理、高效地利用好时间。有关讨论的程序性信息比较复杂，要根据具体的内容来进行进一步的细化。

文献查找是课程学习的基本技能，学生需掌握一定的文献查找的能力。查找文献首先需要熟悉基本的查阅文献的流程。一般来说，查阅文献，首先需要选定主题词。学生确定了学习主题之后，就需要确定学习主题词，通过学习主题词来确定数据库搜索的关键词。在确定了搜索关键词之后，学生就需要根据学习主题选定数据库。数据库的选择也是非常重要的，学生可以先在一些搜索范围比较广泛的数据库进行搜索，然后逐步缩小范围。集中在专业的数据库再进行进一步的搜索。在文献查阅的过程中，学生还可以通过该领域的代表性著作，获得文献搜索的指引。一般来说，学生通过该领域内的代表性著作、论文的参考文献，能比较精准地获得一些参考文献的来源，为下一步搜索文献提供重要的参考。输入关键词进行查询的过程中，学生要根据自己的研究需要，审慎地筛选文献。有时候，学生可能查阅出海量的文献资源，这个时候就需要聚焦，查找其中最为核心的，最符合学生需要的文献；有时候，查阅出来的文献可能很少，这就要学生考虑到是否关键词设定有问题，另外，也可将少量文献进行仔细阅读之后，再看看是否该领域的文献在其他地方还存在。文献收集之后，需要进行文献整理。文献整理有专门的软件支持，需要学生逐步掌握有关文献管理器的使用方法。熟悉使用这些文献管理器能够大大提高驾驭文献的能力，有利于从宏观视角把握文献的总体情况，有利于对文献进行深入的分析。

查找文献之后，学生要进行文献的阅读。文献阅读过程中，教师要提供给学生一定的阅读指导。因此，学生了解有关阅读、做笔记等的方法也是非常重要的。文献的阅读是从标题开始的，标题清晰地表明了该文献的主题。标题阅读之后就是论文的摘要，论文摘要描述了该文的主要内容。一般来说，在文献阅读时，建议先将有关文献的标题、摘要进行通读，对该领域的核心文章都先浏览一遍标题和关键词。著作的话，学生可先阅读一下前言、目录。在浏览的基础上，学生可再根据自己的研究情况，对需要仔细阅读的文章，精读全文，并且根据自己的学习需要做一定的阅读笔记，便于后期学习。文献管理器在文献阅读、做笔记等方面有很大的便利，能够熟练使用文献管理软件的学生，可以结合文献管理器来进行文献阅读。

开发程序信息需要与学习任务相关联，即怎样的学习任务需要怎样的程序来支持。一般来说，要根据教学任务设计出相应的诸如手册、清单、参考指南、辅助资料等。程序信息应做到即学即用，渐进指导。在开发程序信息时，还需要关注的是矫正反馈，即在学生学习过程中，能够及时指出学生的错误，通过提供反馈，让学生逐步完善学习。程序信息的设计要注意逐渐撤除程序信息，让学生逐步脱离程序指导而独立完成学习任务。

专项操练设计是针对学习任务中的常规方面实现自动化所进行的额外的操练，以强化认知图式。专项操练往往需要大量地重复训练。在课程设计过程中，并非所有的课程都有专项操练的步骤。如果课程设计中，有需要进行额外的专题操练，那么就需要进行这方面的设计。

本课程设计主要涉及这几个方面需要进行专项操练。一是概念图的设计，在学生明白概念图的基本理论之后，如何快速地设计概念图，需要进行强化。课程设计可以针对课程中的主要概念比如“历史意义”的概念图如何设计进行专项操练。通过多个概念图的设计可以让学生熟练掌握这一方法，这样在设计概念图的过程中，学生就不需要纠结在具体的设计程序了。同样，在本课程中，文献资源的查询也是需要进行专项操练的。如何高效快速地收集到自己想要的文献，需要学生进行反复的操练，达到熟练的程度。教师可给学生几个不同的学习主题，让学生反复练习，也可以让小组成员使用同一个主题来查找文献，最终对他们查找的文献结果进行对比，进一步强化文献查找的熟练度。另外，文献管理器的使用也是一个需要熟练和自动化的过程。文献管理软件有很多种，这需要学生花时间去熟悉，选择自己需要的软件，然后进行多次操练，直至熟练掌握。

当然，专项操练的设计与开发是与学习任务紧密联系的，当课程学习过程中需要这一内容时，要进行专门的强化练习，也有些学习任务中并不需要这一环节，也可以视情况省略。

第四节　4C/ID-PBL 模式课程问题

在 4C/ID-PBL 模式课程中，学生将会面对很多需要解决的问题。问题是 4C/ID-PBL 模式课程中的关键要素，是驱动学生学习的动力。问题在问题式课程中居于中心地位，这就要求在进行 4C/ID-PBL 模式课程问题设计（框架图步骤 4，见图 2.1）的时候要设计出符合课程要求的高质量问题。问题的质量会影响教学的过程，也就会影响教学目标的达成。通常，问题是由一些相对中立的现象或者事件的描述综合而成。学生通常通过小组合作的方式来解决这些问题。学生试图找出描述的这些现象的解释，以及它们之间的关系。在探索问题的过程中，学生会产生一些一时难以回答的问题或者需要进一步解释的问题。这些疑问和未解决的问题是学生自主学习的起始点。课程模块设计过程中也通常会留出一定的时间让学生用来自主学习。学生搜索文献，或者用其他的方法来探索有关问题，并在小组讨论的时候，学生汇报自主学习的结果。汇报过程主要聚焦所获得知识的综合。通过以上分析可知，问题是问题式学习的驱动力，问题激发学习。当然，学生的积极参与是学习真正发生的关键，学生本身是问题式学习课程中的另一关键要素。问题式学习课程中的指导教师在学习的不同阶段鼓励学生不断深入探索、促进小组同学积极参与，指导教师也在问题式学习过程中起着非常重要的作用。

问题的种类一般来说主要有以下几种：解释型问题、讨论型问题、策略型问题、研究型问题、应用型问题和多层次问题。

解释型问题的目的在于让学生解释和理解潜在的机构和机制。解释型问题通常是对一些相互关联现象的中性描述，并试图对其做出解释。解释型问题通常由具体的文本组成，也可以是图表或者其他形式。解释型问题不太适合在需要对问题进行推理的过程中应用。

讨论型问题有助于多种教学目标的达成。讨论型问题有助于培养学生对同一问题不同观点的理解能力。另外，学生可以通过讨论型问题对专业的价值标准以及社会和个人的价值和标准进行批判性的反思。通过讨论型问题学习后，学生能够形成一个较有说服力的观点立场。讨论型问题一般在学习模块的最后呈现，因为一般来说，讨论型问题主要是针对需要在下一次小组学习中进行深入讨论的话题。讨论型问题可能含有有争议性的表述，学生针对该表述有不一致的观点，因此需要学生进行讨论。有时候学生可能没有发现讨论型问题中的争论，指导教师可以根据教案，对讨论进行适时指导。讨论型问题中通常还包括角色扮演。学生扮演不同角色以支持不同的利益相关者。教师可以先给学生一个角色的介绍，并让学生去查找尽可能多的支持自己主张的观点，当然这些观点可以和学生个人立场不一致。

策略型问题的主要目的是帮助学生形成推理和决策能力，并有助于学生理解其内在过程。策略型问题主要关注这样两个问题：在该情境下，怎样的行为过程是合适的？为什么？这两个问题强调了策略和决策的技能，而不是解释现象本身。在策略型问题中，一个隐含的问题是：下一步该怎么做？因此，策略型问题要求学生模拟真实环境中的行为策略。当然，问题式学习课程不仅仅是让学生掌握具体的解决问题的方法，更多的是让学生理解分析问题、思考问题的思路。当然，如果通过课程手册把所有可能的案例数据都提供给学生，那么学生就没有自己去进行探索的积极性了。

研究型问题的主要目的是提供给学生独立研究一个主题的问题。通常来说，研究型问题包含一些具体的研究话题。研究型问题一般关注那些不太容易进行集体讨论的问题。通常在小组讨论后，提出研究型问题，便于小组成员能够继续独立自主地进行研究性学习。当然，研究型问题也有其弊端：学生在进行研究型问题的学习的时候，很难决定具体针对哪个问题进行研究，也不能准确把握研究的深度。为了解决这个问题，研究型问题一般还需要提供一系列的任务，为学生勾画一个学习框架。

应用型问题的主要目的是对先前所学知识在一个模拟的环境中进行应用，通过这种学习方式来确认学生是否已经真正掌握了该知识。在应用型问题的应用学习过程中，学生要在一个整体的视角下，在不同的环境中应用所学知识。应用型问题在学生自我评估的时候，或者是学习小组一起应用所学知识的时候是有效的。应用型问题通常用于学生的自我评估或者是所学知识的整合，而不是用于新知识的获取。

在整个课程的各个阶段呈现多层次的问题让学生进行讨论，能够促进深入学习，该类型问题在哈佛大学问题式课程中应用较多。多层次问题会在学习的不同阶段呈现不同类型的学习问题，多层次问题的好处是让学生能够针对一个主题持续、深入地学习。多层次问题因为要持续跟进一个问题进行深入研究，由于持续时间较长，可能会影响学生的学习兴趣。

问题式学习课程是从浑然一体的问题情境开始的，再从中梳理出或穿插知识点以及安排要布置的任务[①]。因而问题建构是问题式课程的核心环节，是搭建课程框架的重要步骤。问题建构首先要关注学生的原有知识。学生不具备学习有关问题的前提知识时，将难以对问题进行分析也就难以形成新的学习问题。问题建构首先要明确学生已有知识以及在之前的课程中学过哪些内容。明确学生已有知识之后，需要进一步明确学习目标，问题建构要考虑到课程的整体目标。

在问题建构过程中，还需要考虑好问题的难度。如果问题难度太小，学生很快就知道了答案，就没有继续深入学习的必要了；如果问题难度太大，在讨论的过程中无法展开对问题的分析，学习的效率也不高。问题的复杂程度取决于该问题所涉及的概念和领域，当然问题的难度还与学生的知识能力水平密切相关。在问题建构中，问题的结构化程度也会影响课程的实施。如果问题的结构化程度太高，学生会觉得不需要进行讨论，直接按照问题的结构进行思考就可以了。如果问题的结构化程度太低，问题太松散，大量的时

① 托尔普，赛奇．基于问题的学习——让学习变得轻松而有趣［M］．刘孝群，李小平，译．北京：中国轻工业出版社，2004：83．

间就会浪费在信息的组织和问题的确认上面了。

问题建构还要关注多学科问题。在现实生活中，很多问题是多学科背景的，因此，课程设计要关注多学科、跨学科的问题设计与建构。问题的长度也是问题建构过程中需要关注的要素。这里的长度是指问题需要学生花多久来解决这个问题。问题的细节设置越多，学生讨论所花的时间越长。当一个问题太长，有太多的细节需要关注，这样会导致学生很难聚焦问题。当然，问题太简短也会让学生不明所以，难以确定学习主题。

自主学习的时间安排也是问题建构过程中需要考虑的。学生在自主学习时要能够很容易地获得所需要的书、论文和其他学习资源。同时，学习资源的难度应该是合适的并且随时更新。问题建构的教师心里应该有一个大致的时间规划，学生学习这些问题大概需要多长时间。如果学习资源太少，学生自主学习的时间就少，对问题就会缺乏深入研究。当然，如果学习资源范围太广，在规定的时间内无法学习这些资源，那么就会导致学生学习动机下降。因此，在建构学习问题的时候，教师一定要考虑好，提供的学习资源是否合适，或者是在规定的时间内是否能够完成。

问题建构还要考虑到报告的时间问题。完成自主学习之后，学生会对学习情况进行报告，如果每一个学生都进行报告，可能时间安排上就会存在困难。一般来说，以小组为单位来进行汇报，既能保证学生的报告得到整体呈现，也能在时间安排上更合理。

学习活动的多样性也是问题建构过程中需要考虑的问题。为了激发和保持学生的学习兴趣，通常需要设置多样的、不同类型的学习活动。针对不同类型的问题应设置不同类型的学习活动。在问题建构过程中，问题的数量也很重要。问题的数量和课程本身的规模有关，也与课程类型、问题类型有关。问题建构过程中，可以画一个问题列表的图，并标明日期，这样就会对整个课程中的具体问题进一步明确，便于合理安排课程。

问题的呈现顺序是问题式学习课程中的另外一个重要问题，改变问题呈现的顺序会改变课程的效果，特别是那些问题存在的前后问题顺序尤为重要。要设计好的问题也是费时的事情，有时候需要对问题进行多次修改。在进行问题设计的时候也需要安排好时间，通常需要关注专业实践。非常具体的问题通常能够更好地增强学生的学习兴趣。

在进行问题建构过程中，我们需要设计好建构问题的表格（如表 2.6），学生可以参照问题表格来对课程问题进行分析。首先，针对面临需要解决的问题，我们要了解已知知识有哪些，我们知道了什么。通过已有知识的分析，阅读相关材料，观察有关问题。在此基础上，第二步再分析我们不知道的是什么，找出我们需要解决的问题，我们还有哪些疑问，并列举出来。第三步是进一步明确问题，形成学习的具体目标，即最终要解决什么问题。

表 2.6　问题式课程问题建构表

我们已经知道了什么？ （基于我们原有的知识基础，通过阅读、观察问题的内容等。）	我们不知道的是什么？ （当我们在面对要解决的问题的时候，我们还有哪些疑问？）	我们需要知道的是什么？ （要解决这些疑问，我们需要重点关注哪些领域？）
1. 与主题相关的问题。 2. 与主题相关的一些现象。 3. ……	1. 问题是什么？ 2. 问题的细节有何疑问？ 3. ……	1. 问题的本质是什么？ 2. 要解决的主要问题是什么？ 3. ……

在设计好要解决什么问题之后，就完成了问题建构的基础，接下来就是要引导学生解决这些问题。结合前期的问题建构，设计出问题式学习任务单，如表 2.7。问题式学习任务单的设计为后续具体的学习奠定了基础，在问题式学习过程中，问题建构之后，要根据学习问题建构出具体的学习任务供学生完成。

表 2.7　问题式学习任务单

<table>
<tr><td colspan="2">事实</td><td colspan="2">需要了解的问题</td><td colspan="2">学习问题</td></tr>
<tr><td colspan="2"></td><td colspan="2"></td><td colspan="2"></td></tr>
<tr><td colspan="3">可能的问题解决方案</td><td colspan="3">新的学习问题</td></tr>
<tr><td colspan="3"></td><td colspan="3"></td></tr>
<tr><td colspan="6">可靠的解决方案</td></tr>
<tr><td colspan="6"></td></tr>
</table>

学习问题创设好之后，设计者要对创设的问题进行检验，可以参考表2.8。问题的创设是课程设计过程的关键环节，问题创设的质量将直接影响课程的具体实施。因此，问题创设好之后要对问题进行检验，检验问题的创设是否符合课程设计的基本理念，问题的创建质量是否合格。问题创建完成之后，就进入具体的课程教案设计环节。

表 2.8 创设问题的检验表①

问题	是	否
我是否选择了恰当的内容？		
我是否确定了可用的资源？		
我是否书写了问题陈述？		
该陈述适合学生的身心发展水平吗？		
我是否以学生经验为根基吗？		
我是否以课程内容为依托吗？		
我是否顺应多种教学策略和风格吗？		
问题结构残缺吗？		
我是否选定了激发活动吗？		
我是否提出了焦点问题吗？		
我是否确定了评价策略吗？		

第五节 4C/ID-PBL 模式课程评价

课程评价的重要性毋庸置疑，没有科学合理的课程评价，课程的实践意义就会大打折扣。奥恩斯坦等认为，课程评价指人们收集必要的资料以决定

① 德莱尔. 问题导向学习在课堂教学中的运用［M］. 方彤，译. 北京：中国轻工业出版社，2004：35.

是否采纳、修改或删除总体课程或某一特定教科书的过程或一系列过程[1]。从奥恩斯坦等的定义性表述中我们可以看出，课程评价的目的是通过收集必要的课程资料，并且通过这些资料来判断课程的实施是否已经实现了课程的目标计划。如果评价显示课程的实践与课程的规划之间存在差异，则需要对课程的有关环节进行调整、修改或者终止课程的实施。奥恩斯坦等还指出，就课程领域而言，评价的重点在于发现所设计、开发和实施的课程是否正在产生或能够产生预期的结果。课程评价旨在确定课程在实施之前的优点与不足以及实施之后的效果[2]。

4C/ID-PBL 模式课程评价（框架图步骤 15，见图 2.1）设计首先要考虑课程的价值取向，在设计课程评价时，要使课程评价的标准、方法及课程的价值取向与 4C/ID-PBL 模式课程的价值取向一致。课程的价值取向是课程评价的重要依据和主要内容。在课程评价的时候，首先要考虑的就是课程的价值取向，然后依据价值取向来确定课程的目标是否合理。有关课程的价值取向，需要关注两方面的价值。第一是课程的内在价值。课程的内在价值是指该课程是否体现了该课程领域的核心素养或关键能力，是否采用了教学设计领域的科学合理的教学模式来对课程进行规划和编排。课程的内在价值就是指抛开学习对象，单看课程本身具有怎样的价值。在这个过程中，课程设计与开发者不可避免地会带着自己的教育哲学和心理学观点。课程内在的价值评判，需要同行业类的专家与课程设计者进行深入沟通与讨论后才能做出科学合理的评判。这是因为，校本课程设计过程中，教师具有较大的自主权，教师的课程价值取向，包括对课程学科领域的核心素养或者关键能力的理解是存在差别的，因此教师在设计课程的过程中就已经渗入了自己的教育哲学。同时，教学实施也体现了教师理论与实践水平。所以，如果不与课程开发、设计者进行有效的讨论，以他人的课程价值取向来评价，可能带来价值冲突，从而使得课程评价本身的科学性与合理性被消解。第二是课程的工具价值。课程的工具价值是指课程是否能够完成课程计划所设定的目标，课程带给学生怎样的课程体验和经验。简单来说就是课程是为谁服务的，提供了

---

① 艾伦·C. 奥恩斯坦，费朗西斯·P. 汉金斯. 课程：基础、原理和问题［M］. 柯森，译. 第 3 版. 南京：江苏教育出版社，2002：339.

② 艾伦·C. 奥恩斯坦，费朗西斯·P. 汉金斯. 课程：基础、原理和问题［M］. 柯森，译. 第 3 版. 南京：江苏教育出版社，2002：339.

怎样的教学服务。在进行课程评价的时候，我们往往会更多地关注课程的工具价值，而且一般来说，课程的工具价值是能够通过收集评价课程的相关资料来进行评判。课程的工具价值中还需要关注到学生要素，即课程是否对每位学生都具有价值。所以在课程设计的过程中，教学内容和教学模式的设计都要尽可能照顾到更多的学生，尤其是学习困难的学生，要让他们也参与到整个课程中来，否则课程的工具性价值就不能够得到很好的体现。

确定了课程的价值取向之后，就需要设定具体的课程评价标准，再选取合适的评价方法。Branch 在《教学设计：ADDIE 方法》一书中，将课程评价总结为“5W”和“1H”，“who，what，when，where，why”和“how”[①]。他认为课程评价要重点关注六个问题：谁来执行课程评价？具体测评什么内容？什么时候实施评价？在哪里进行课程评价？为什么课程评价重要？如何收集评价的数据？Branch 的观点实际上指出了课程评价的几个核心问题。他还指出，课程评价应该从三个水平层面来进行。第一个层面：学生感知；第二个层面：学生学习；第三个层面：学业表现。第一个层面是从学生的感知层面来对课程进行评价，主要测评学生对课程内容、学习资源、教学环境、教师的教学风格等的认可程度。一般来说，在课程结束的时候，应立即进行课程的学习的评价。与之对应的评价方法可以是问卷调查、访谈或者是开放性问题。问卷调查得到的数据比较客观，可以采用网上调查的方法进行。访谈比较深入，通过访谈能够发现一些在问卷中无法体现答案，也可以先进行问卷调查，然后再针对问卷调查中反馈出现的问题，再进行有针对性的访谈。开放性问题可以和问卷调查一起做，在问卷的设计过程中，可以设计几个开放性问题。第二个层面是学生的学习层面，主要是指学生知识的获得与技能的掌握方面。这个层面可以采用纸笔测试、角色扮演、模仿、教师观察等方法。学生知识、技能获得层面的评价方法很多，可以在课程学习的多个阶段进行。在评价学生学习的过程中应该采用多种评价方法，避免单一评价模式带来的评价结果的片面性。第三个层面是指学生的学业表现，主要是评价学生在真实的工作环境中应用知识、技能的能力。这个层面要求学生要将课程所学能够学以致用。在评价方法上可以通过业绩目标清单、同伴评议、观察等。

---

① BRANCH R M. Instructional Design: The ADDIE Approach [M]. Springer US, 2010: 154.

总而言之，4C/ID-PBL 模式课程评价的具体设计首先要考虑好课程的价值取向，包括内在价值和工具价值。从内在价值层面来看，要重点体现整体任务教学设计的价值取向和以问题驱动为中心的问题式学习取向。在评价的设计过程中，要体现出对学习的整体性评价，而不是仅关注知识点的碎片化评价。关于评价的问题中心导向方面，要考虑到评价是对整体性问题的回答，重点体现课程的核心素养要求。从具体的标准设计层面来看，既要关注到总结性评价，也要关注到过程性评价。

第三章 4C/ID-PBL 模式课程设计

该如何进行 4C/ID-PBL 模式的课程设计呢？我们先来通过一个课程案例看看问题式学习的课程设计在历史学科中是如何进行的。美国东方曙光高中一名教师是这样开始他的问题式学习的历史课程的：

> 我们让亚拉巴马州历史协会的学生去调查小说《杀死一只知更鸟》[①]所描写的那个时期的一个家庭的历史背景。让他们去调查那个时期，那个家庭是怎么样的，小说中提供的信息有多少属实。如果发现小说中所描写的东西有些是有争议的，我们应该怎么去核实？[②]
>
> ——威利斯（东方曙光高中）

可以看到，威利斯在进行问题式学习历史主题课程设计的时候，通过任务设计，让学生去进行调查，然后进行问题设计，将整体的任务分解为一个个具体的问题。在问题的设计中可以看到，这些问题涉及历史意义、史料实证、历史视角、历史伦理等思维概念。通过对小说的历史背景的分析，学生能够通过小说的场景进入历史现场，深入探讨历史问题。

本章将根据 4C/ID-PBL 课程开发框架结合其理论要求，进行具体的“中学生历史思维能力培养”的课程目标设计、教学策略设计和教案框架设计。

---

① 美国女作家哈珀·李发表于 1960 年的长篇小说，英文名为 *To Kill a Mockingbird* .

② 托尔普，赛奇. 基于问题的学习——让学习变得轻松而有趣［M］. 刘孝群，李小平，译. 北京：中国轻工业出版社，2004：10.

第一节　课程目标设计

4C/ID-PBL 模式课程目标设计既要体现六大历史思维概念的目标要求，也要体现 4C/ID-PBL 模式的教学要求。现将本课程目标设计如下：

一、课程的综合目标

“中学生历史思维能力培养”课程旨在通过对六大历史思维概念的学习，培养学生分析问题、解决问题的能力，提升学生的历史思维能力，培养学生的历史核心素养。

二、具体的目标描述（见表 3.1）

表 3.1　“中学生历史思维能力培养”课程目标

1. 选择并表述一个历史研究问题。	1.1 列出若干想要解决的历史问题。
	1.2 选择其中一个认为可以解决的问题。
	1.3 清楚客观地表述问题。
2. 检索并选择相关资源。	2.1 检索各种各样的资源（文献、实物、多媒体等）。
	2.2 选择与研究问题最相关的资源。
	2.3 运用资源分析问题，提出解决问题的方案。
3. 有效参与小组讨论。	3.1 提出有意义的问题、意见。
	3.2 用心倾听他人的观点。
	3.3 完成小组按计划分配的工作。
4. 撰写研究小论文或报告。	4.1 描述该历史问题和研究的特征。
	4.2 描述研究的过程。
	4.3 分析、综合并解释研究的结果。
	4.4 描述研究的不足、列出后续研究的建议。

以上的课程目标属于问题解决项目的课程目标，是基于4C/ID-PBL模式理念的整体任务课程目标，其设计目的是解决历史学习中的复杂问题，提升学生的历史核心素养。有研究者指出，拓展性问题解决项目通常用于培养学生解决综合性的、结构不良的、“现实世界”中的问题的能力[①]。4C/ID-PBL模式校本课程就是这样的拓展性课程，为了解决综合性问题。该目标描述也体现了问题驱动的课程理念。通过解决一个具体的问题，培养学生分析问题、解决问题的能力。通过课程目标分析，我们可以发现与传统历史课堂教学不同的是，“中学生历史思维能力培养”校本课程是以整体任务（完成一个历史研究课题）为中心，以问题解决（解决某一个历史问题）为驱动的课程。另外，该课程还把小组合作学习作为一个重要的课程目标，要求学生能够通过课程学习掌握小组合作学习的方法。学会合作也是4C/ID-PBL模式课程着重培养的能力。

第二节　教学策略设计

明晰了课程目标之后，就需要进行具体的4C/ID-PBL模式课程的教学策略设计。4C/ID-PBL模式课程以整体任务为中心，以问题为驱动，因此，在教学策略的设计过程中，要体现这一核心概念。教学策略设计要做好具体的学习任务的建构和学习问题设计。本节将结合4C/ID-PBL模式课程目标要求，分别探讨六大历史思维概念的教学策略，主要围绕历史思维概念探讨如何设计学习任务，如何设计学习问题，如何设计教学活动以及如何设计学习策略等方面。

一、建构历史意义教学策略设计

1. 学习任务设计

（1）选择一个给定历史时期内的历史人物、事件。

（2）说明为什么该人物、事件具有历史意义。

---

① 诺曼·E. 格朗伦德，苏珊·M. 布鲁克哈特. 设计与编写教学目标［M］. 盛群力，郑淑贞，冯丽婷，译. 第八版. 北京：中国轻工业出版社，2017：127.

（3）解释说明人物、事件在不同的历史时期具有不同历史意义的原因。比如，某个历史人物，在不同的时期的历史意义可能会存在区别，人们对该历史人物的评价可能不一样。

2. 探究活动设计

学生可以扮演历史学家的角色，选择给定范围内的10个有历史意义的事件、人物。通过小组合作，学生之间进行讨论，并且各自发表自己的看法，力求达成一致。

3. 学习策略设计

教师要求学生收集一定历史范围的历史事件、任务等的相关资料，并提出该范围内的10个有历史意义的历史事件或者任务。学生通过小组讨论、展示，确定该小组内选定的10个有历史意义的事件或任务，并对缘由进行探讨，可以参考以下问题来进行思考：

（1）哪些因素决定了该历史事件或任务的历史意义？

（2）媒介在建构历史意义的过程中扮演了怎样的角色？

（3）该事件是否揭露了历史上某个惊人发现或者有独特之处？

（4）为了让该事件具有重要的意义而对其进行戏剧化的描述是否合适？

（5）你认为历史意义是否需要官方的认可？阐述你的理由。

（6）你是否同意“历史都是由胜利者书写的”这一观点？我们应该怎么看？

4. 评判标准

对历史事件或者历史人物的历史意义的评判需要标准，一般来说对历史意义的判断主要参考三个方面：一是该事件或者人物带来的历史改变，二是该事件或者人物揭示了过去，三是该事件或者人物对其他事件或者人物产生了历史影响（详见表3.2）。

表 3.2 历史意义评判标准表

标准：从哪些方面来看该事件或者人物具有历史意义？	该事件或者人物在哪些方面符合标准？
历史改变	
深度：人们受到了该事件或者人物的怎样的影响？	
量度：有多少人的生活受到了影响？	
持续性：改变持续了多久？	
揭示历史	
该事件或者人物如何帮助我们理解过去？	
历史反响	
该事件或者人物对当下的现实具有怎样的影响？	

二、使用原始资料进行历史实证的教学策略设计

运用历史资料进行历史实证，是历史学习过程中非常重要的思维概念，也是历史学习能力培养的重要途径。历史描述之前一定要考察所引用历史资料的可靠性。历史记载和历史解释都应该基于多样的历史基础之上。另外，要区分好第一手资料和第二手资料，做好历史资料的辨析工作，要注重多种历史资料的相互印证。

不同种类的文献需要进行仔细辨别，史料价值的甄别、使用是历史实证的基础性工作。在使用历史文献时，要考虑该文献的目的，文献的指向读者是谁。另外，该文献的历史背景是怎样的？当时是否有重大事情发生？该文献描述了怎样的历史事实？文献作者表达了怎样的立场和观点？当然，还要考证该文献是否可靠，该文献对于我们理解过去有怎样的作用。除了历史文献之外，实物资料也是非常重要的历史资源。面对历史实物资料，我们首先要对该实物进行观察，了解实物的基本特性，试图弄清是谁制作了该实物资料，并通过该实物资料所显示的信息来揭示实物制作者的价值判断和观点。另外，该实物资料的功用和意义是什么？谁会使用该实物资料？在什么时候使用该实物资料？最后，我们要确认通过分析该实物资料对于我们理解历史

有怎样的促进作用。另外一类历史资料是照片、图片、视听资料，该类资料在近现代历史中起着越来越重要的作用，该类型资料能够较好地还原历史的原貌，尽可能地保存了历史的真相。在使用此类历史资料时，首先要了解资料的细节信息，该资料的目的是什么，作者、拍摄者的立场是怎样的。视听资料的出现是否会带来新的问题，视听资料是否遗漏了相关重要信息，视听资料的历史背景是怎样的，同样需要了解该资料对于我们理解历史有何帮助。

三、明晰延续与变迁的教学策略设计

延续与变迁是相互关联的，变迁的过程也通常是延续的，并不是孤立存在的一系列事件。有些事件在特定的历史时期演变得快些。历史转折点或者某些事件发展的顶点能够帮助人们定位历史的变迁。历史的进步或者倒退是衡量历史变迁的重要因素。当然，历史的变迁并不一定是历史的进步，有时候也是倒退。事件发生的年代顺序编排（编年、时间轴），能够帮助人们认识历史发展的延续与变迁。另外，历史分期（通过确定不同的历史阶段、时期或者时代）对人们认识历史发展的延续与变迁有帮助作用。

1. 学习任务

(1) 按照时间顺序展示系列历史图片，并解释为什么要按照这样的顺序排列。

(2) 比较不同时期的不同历史事件，解释哪些发生了变化，哪些还是延续过去。

(3) 选择某个历史时期，通过多个立场的观点，来评价历史的进步与倒退。(从较高要求来说，学生能够解释某一历史事件在某个时期为什么是延续，在另外时间段是变迁；学生要能在历史的变迁中看到历史的延续，在历史的延续中看到历史的变迁；学生能理解历史分期和历史进步与倒退的判断会因判断者的目的和视野的区别而表现出差异。)

2. 探究活动设计

学生像历史学家一样去调查他们自己的社区，去了解自己的社区有哪些是延续的，又有哪些发生了变迁。调查后，学生通过收集和分析多方面的历史证据，做一个有关社区发现的说明报告。

3. 学习策略设计

（1）小组合作，确定一个或者两个历史时期，研究当地社区中一个特定的点，比较哪些发生了变迁，哪些延续了过去。

（2）小组讨论决定研究社区的哪个方面，然后以怎样的方式来汇报研究结果。

（3）小组讨论确定有关研究资料哪些是第一手资料，哪些是第二手资料。鼓励学生去寻找证据探索他们社区在多方面（如社会、经济、政治等）发生的变迁。可供选择的证据可能包括家庭相册的照片、当地博物馆或者地方史著作，家庭或者博物馆的收藏物，地方或者国家的档案馆，当时出版发行的报纸、杂志，社区的历史书或者家庭的家谱等，还可以对社区的年长者进行采访等。

（4）在此基础上，学生再带着问题进行调查研究，寻找、分析社区中的延续与变迁。

（5）学生组织、记录研究发现，并且准备汇报。

（6）小组与全班同学分享学习心得，并与全班同学一起分析、讨论。

4. 学习问题设计

为了让学生能够带着问题去思考，在目标设计的过程中，教师通过一定相关的问题设计，能够促进学生深入思考问题，对于培养学生的思维能力具有促进作用。关于历史的延续与变迁，可以通过以下问题来加深学生对该概念的深入理解。

（1）比较现时段和早些时段，哪些发生了变迁，哪些延续了过去。

（2）为什么、因为谁发生了变迁？

（3）变化是进步还是倒退了？

（4）哪些因素保证了历史的延续？这些因素又为什么随着时间的推移发生了变化？

（5）有时候我们会听到这样的建议——“回到过去的美好日子吧”，为什么人们有这样的想法？

（6）哪些是历史的转折点？

（7）哪些是突然的、戏剧性的历史变化？这些事件是缓慢发生的或者是一步一步发生的吗？

(8) 哪些人的行为或者决定激化或者促进了历史的变迁？

(9) 你是否会发现历史会有惊人的相似的变化？对此做何解释？

(10) 你是否会觉得有时候事情变化得太快，以至于很难理解过去到底发生了什么？举例说明。

(11) 有人说人们抵制或者反对社会的改变，人们总是安于现状，你是否认同？

(12) 如果你可以保持或者改变你社区生活中的一个特征，你希望怎么做？

四、分析原因和结果的教学策略设计

人类的行为是历史变迁的原因，但是特定的历史条件会限制变迁的程度。限制可能来自自然环境、地理、历史遗产以及想做其他改变的人们。历史中的人物与历史条件（政治、经济系统等，许多条件是过去人们的行为遗产）多方面相互作用。另外，人类的很多行为会有意想不到的历史结果。

1. 学习任务设计

(1) 调查日常生活中的事件，比如一次交通事故，试图寻找潜在的原因，可能是驾驶员的驾驶技术与反应能力、驾驶员的健康状况和精神状态、驾驶员精力是否集中、驾驶员是否违反了交通规则、汽车的状况、汽车的功能、天气条件、道路指示牌、交通信号灯等。

(2) 分析一个历史事件，辨析事件发生原因的类型（如政治、经济、文化条件，个体行为）。

(3) 调查个体的动机、意图与其历史结果之间的关系。

(4) 画出事件发生的原因示意图，并解释原因与结果之间的关系。

(5) 当时的人们也许已经对当时的历史事件发生的原因做了解释，这可能和我们今天来解释该历史事件的原因之间存在着差别，可能存在怎样的差别？为什么？

2. 探究活动设计

学生像历史学家一样，选择一个历史事件，分析其原因和结果。学生首先分析直接原因和直接影响，然后，进一步探索潜在的和长期的原因以及结果，重点关注长期的和非直接的影响，可参照表 3.3 对历史原因结果进行评定。

表 3.3　原因结果分析表

<table>
<tr><td colspan="4">历史事件：</td></tr>
<tr><td colspan="4">涉及的历史人物：</td></tr>
<tr><td colspan="4">等第：①弱影响　②中影响　③强影响</td></tr>
<tr><td>原因/因素</td><td>原因/因素在事件中的角色（潜在影响/长期影响/短期影响）</td><td>原因/因素造成的后果和影响</td><td>等第
①　②　③</td></tr>
<tr><td></td><td></td><td></td><td>◎◎◎</td></tr>
<tr><td></td><td></td><td></td><td>◎◎◎</td></tr>
<tr><td></td><td></td><td></td><td>◎◎◎</td></tr>
</table>

3. 学习策略设计

（1）在课堂上，学生尽可能准确地讨论和描述一个历史事件。

（2）与一名同伴共同寻找事情发生的原因。

（3）对事情发生的原因进行汇报。

（4）制作一份小报，结合历史事件简要说明事件的原因、影响。

4. 学习问题设计

（1）促使该事件发生的导火线（直接原因、催化剂）是什么？

（2）有哪些长期原因促使事件发生？哪些因素共同作用，促使了事情的发生？

（3）事件的直接影响和结果是怎样的？哪些人或者群体受到这些直接后

果的影响最大？

（4）事件发生的直接结果会有进一步的影响吗？哪些个人或者群体会受其影响？

（5）事件的长期影响是什么？描述这些影响的实质，并评估这些影响是积极的还是消极的。

（6）事件是否至今还存在影响？对谁？存在哪方面的影响？

（7）事件对后续人们所做的决定和行为产生了怎样的影响？

（8）历史学家对事件原因的分析是否有区别？解释他们的主张和观点。

（9）针对原因和结果的解释，你认为哪一个最有说服力？为什么？

五、选取历史视角的教学策略设计

选取历史的视角，要求有证据来证实当时的人们是如何感知和思考的，以此来避免执今律古。所谓的执今律古就是指将现在的观点不合理地强加到过去人们的头上。不基于证据的对历史过往的“善解人意”是没有历史价值的。一些历史事件可能会涉及对该事件持不同视角的人物，因此理解多样历史人物的视角是理解历史事件的关键。需要注意的是，选择某一历史的视角并不是说就认同该历史人物或者是赞同该历史人物的行为和做法。

1. 学习任务设计

（1）从历史人物的视角出发，运用第一手或者第二手资料，写一封信、一篇日记或者制作一份海报。

（2）对比同一历史事件不同视角的第一手资料，并解释它们的不同。

2. 探究活动设计

学生去档案馆查找过去的报纸、杂志，了解过去人们的生活方式。

3. 学习策略选择

通过查阅当时的报纸、杂志，弄清楚某一个历史事件发生的历史背景。需要重点关注的是要仔细查找分析第一手资料，也可以通过假设该事件发生在另外一个历史时期，可能会产生怎样的变化，具体可参见表 3.4。

表 3.4　历史视角分析表

问题中的人物、群体、社会情况：
时间、地点：
分析的事件或者行为：
事件发生时的历史背景： 当时的信仰、习惯、价值、世界观： 人物、群体、社会周围的相关环境：
事件行为发生时是否有争议？谁观点不一致？为什么？
事件对当时的人们产生了怎样的影响？
如果该事件发生在其他时间或者发生在现在，事情是否会不一样？简要说明理由。

4. 学习问题设计

(1) 他们为什么要这么做？他们的感受是怎样的？

(2) 做出这个决定的时候，历史背景是怎样的？如果当时是你，你会怎么做？

(3) 事件发生时人们或者社会的主流信仰和价值观是怎样的？

(4) 设想你自己是该历史事件中的人物，在当时的情境下，你会做何反应。

(5) 该历史人物或者群体是否有盟友或者支持者？做简要说明。

(6) 该历史人物或者群体对该历史事件做何反应？为什么做这样的反应？当时是否还有其他机会存在？

(7) 哪些因素是当时做决定时的最重要的影响因素？

(8) 该历史人物在该历史事件中扮演的是个体的角色还是群体的代表的角色？该群体与其他群体之间观点是否一致？

(9) 该事件中谁是领导者？谁对该事件发生或者发展有最大的影响力？

在该历史事件中如何体现他们的领导力？

（10）如果事件中存在冲突，那么是哪些因素使得个人或者群体卷入冲突中？这对冲突的解决起到了怎样的作用？是什么因素影响了卷入冲突者的行为？

（11）是否有个体或者群体改变了对待该事件的立场？是什么导致他们这么做？

（12）当我们试图解释、理解历史人物在过去的行为时，我们应该考虑什么？

（13）分析当时历史条件下存在而当前不存在的因素、价值、影响等。

六、理解历史的伦理维度的教学策略设计

所有有意义的历史解释都明确或者暗含伦理判断。伦理判断因群体责任而变得更为复杂，并随着时间的流逝而发生变化。在对过去的行为进行价值判断的时候，我们通常会犯强加我们的标准于过去时代的错误。因此，在理解历史的伦理维度的时候，通常需要对有关伦理问题进行框架性建构，以便从整体上思考历史事件的伦理维度。为了更清楚地理解历史人物的历史视角，历史学家有时候也会暂时先不对该历史事件做伦理维度的判断。另外，通过对有关伦理维度的研究进行深入分析，以便更全面、客观地理解历史伦理的维度。

1. 学习任务设计

（1）学生调查一个有伦理冲突的历史问题（如妇女投票权、难民入境等问题），分析当时人们的观点，并解释这些历史冲突问题对我们的教育意义。

（2）学生分析一个当代的伦理冲突问题（如环境保护、医疗保障等），研究该问题的历史背景，解释该冲突的影响。

2. 探究活动设计

学生调查一个现实生活中存在的伦理冲突问题，并对其可能存在的影响进行分析，让学生从多个视角来进行研究。

3. 学习策略设计

在进行历史伦理维度分析的过程中，要求学生根据相关主题整理出与之有关的问题，历史伦理维度分析框架如表 3.5。在进行问题分析的过程中，学生要注重第一手资料的选取。学生对问题进行初步研究之后，要进行小组内的讨论交流。很多历史伦理的问题本身就存在着争议，因此通过讨论、辩论的方式让学生充分发表自己的意见，彼此观点的交锋是探讨历史伦理的有效途径。

表 3.5 历史伦理维度分析框架表

分析的历史行为或问题：
相关细节（日期、任务/群体、原因）：
事件发生时的历史背景是什么？ 当时还发生了哪些事情？
当时的人们如何看待该历史事件？（谁支持？谁反对？为什么？）
以当前的价值观和判断对错的观点，该历史行为是否合适？
该事件对现在是否产生了影响？作为公民，我们是否有责任对现在察觉到的过去的错误行为进行修正？

4. 学习问题设计

在上文学习策略设计的过程中，已经提出来几个涉及历史伦理分析框架的问题，接下来将对历史伦理分析的核心问题进行梳理，便于进一步深入理解历史伦理概念的学习整体目标。

（1）该历史事件或者历史行为带来了怎样的道德、伦理问题？

（2）历史学家如何评判该历史事件或者历史人物？不同的历史学家是否有不同的评价？有怎样的不同评价？为什么？

（3）你认为哪种历史评价最有说服力？为什么？

（4）哪种潜在的价值观和信仰影响了历史的记载？

（5）当代人们应该承担过去行为的伦理责任吗？为什么？

（6）当代人们是否应该或者怎样去对过去的不公正行为做出修正？

（7）如果该事件发生在当代，人们应该如何评价？

（8）哪些主要因素或者价值观念影响了该事件的发生？

（9）当代的价值观念和信仰与过去有怎样的相似或不同？我们是否应该以今天的价值观念判断过去的行为？

（10）人们通常说从历史中学习，以史为鉴，你认为说得对吗？是否可以找出一个反例？你是否认同“历史有惊人的相似”这句话？为什么？

（11）过去的错误或者不公正，对当今社会具有怎样意义上的影响？当代的人们、群体或者政府应该如何处理这些错误？

（12）有人认为历史应该聚焦国家认同、民族自豪和团结统一等，而不是关注敏感和有争议的问题。你认为避免或者拒绝敏感的和有争议的历史问题是明智的吗？为什么？

课程目标设计主要探讨了加拿大历史教育家彼得·塞沙斯和汤姆·莫顿提出的六大历史思维概念的基本内涵以及在实践中可能的指导方式。通过对历史思维项目约十年的研究，六大历史思维概念从理论上和实践上都得到了完善，是中学历史教学过程中可供参考的重要概念。六大历史思维概念从思维能力层面来看，具有较广的涵盖面，切中了历史教学的核心价值，对历史教学具有重要的指导意义。

需要注意的是，虽然六大历史思维概念的每一个具体概念有其独特性，但是这六大历史思维概念是不能决然分开的。课程设计既要考虑到不同思维概念间的区别，也要注意各思维概念之间的联系。六个概念组成了历史思维能力框架，六大历史思维概念在实践应用的过程中，应该从整体上进行综合设计，从学习资源的选择到教学策略的安排以及评价等。六大历史思维概念意图通过课程实践，帮助学生去探索历史之林，使得学生能够经过合适的指导之后，对历史的意义、变迁、原因、影响等概念形成自己的理解与定义，使得学生能够历史地思考问题。

历史思维能力培养实际上是培养学生历史的视野。所谓历史的视野就是通过脱离自身所处的现实环境去进入别人的世界，以他者的身份去体验、思考、探索、感悟历史，之后这个他者再回到现实情境，带着全新的视野来审视这个世界。

第三节　教案框架设计

4C/ID-PBL 模式课程的教案是通过创设问题情境来启发问题中的议题，引导学生主动参与、广泛讨论问题的本质，整合各领域知识及发展出解决问题的能力。课程教案是教师实施课程的蓝本，因此教案的设计、撰写、审核、使用与评估十分重要。撰写教案不是一件轻而易举的事情。课程教案的编撰者、审核者需要熟悉课程设计的理念和实际操作程序，在整体任务问题式学习课程设计中，教案设计者和审核者要熟悉整体任务的基本理论以及问题式学习的理论与操作程序。洪荣昭等指出，“教案设计为攸关整个问题式学习课程成败关键之最，必须具有良好的教案设计，方能诱发出学员对问题思考的能力，并能透过问题的衍生进而激发搜寻知识的欲望，产生获得知识的能力，激励学员主动学习的意愿”[①]。

有学者指出，一个设计良好的教案所描述的情境应能引发出学习议题，刺激学生去探讨的问题能涵盖该课程所要求学生达成的学习目标，并可与该课程其他部分的课程相衔接[②]。一个良好的问题式学习课程教案设计要考虑如下因素：3S 学习条件，即 self-directed learning（自我导向学习）、student-centered learning（学生中心学习）和 small-group learning（小组学习）；4C 精神，即 compassion（移情）、context（情境）、constructivism（建构）和 competence（能力）；5R 特质，即 revealing（揭示）、refreshing（更新）、relevant（意义）、reassuring（可靠）和 realistic（现实）[③]。教案设计还要考虑到整体课程目标的达成。课程教案的设计既要符合教学设计的基本思想，也要与教学内容的整体目标一致。如历史学科教学中要注重历史学科整体思维、历史叙述、历史论文撰写等方面能力和技能的培养，而不是只专注于具体的历史知识点的记忆。

---

① 洪荣昭，林展立. 问题导向学习课程发展理论与实务［M］. 台北：师大书苑有限公司，2006：212.

② 黄钢，关超然. 基于问题的学习（PBL）导论：医学教育中的问题发现、探讨、处理与解决［M］. 北京：人民卫生出版社，2014：128.

③ 黄钢，关超然. 基于问题的学习（PBL）导论：医学教育中的问题发现、探讨、处理与解决［M］. 北京：人民卫生出版社，2014：132.

问题式学习课程设计的教案有很多蓝本，不同的学校在实施问题式学习课程过程中，形成了不同的课程设计风格。此处以我国台湾地区“中国医药大学”的问题式学习教案格式设计为例来探讨问题式学习课程教案设计的框架①。该教案设计格式首先在封面明确了该教案是“教师指引”，即该教案是供教师教学之用，供教师参考的教师版本，并明确了是针对哪个教学模块设计的，并指出是针对哪个年级的学生。除此之外，教案封面还明确了撰写者、审查者、时间等信息。该教案的前言部分主要说明了学生应具备的知识、预期的学习目标、教案摘要、课堂安排等。学生应具备的背景知识是课程设计的先决条件，需要具体描述。预期的学习目标是指教案设计期望学生达到的课程目标，应包括宏观的目标和具体的目标，具体目标应该细化。教案摘要简述教案的基本内容。课堂安排简单描述该教案的课程模块，大致的课程场景。教案包括了多个课程模块，比如讨论模块、自主学习模块、学习汇报模块等，教师可以根据课程实施现场情况对学习模块进行适当调整。每一个学习模块的设计应该根据整体课程设计思路来考虑，充分考虑课程的整体意义。

教案设计完成之后，设计者要对教案进行审查。教案撰写最好由多位老师一起完成。这样在撰写的过程中，有一个相互讨论的过程，也可以认为是一种自我审查。邀请该领域对问题式学习有一定了解的专家对教案进行审核是很有必要的。另外，教案使用之后，设计者应及时根据师生的评价、反馈，对教案进行修订和再审核。审核首先应该重点关注该教案是否符合问题式学习课程的基本理念及精神，是否符合上文中谈到的3S学习条件、4C精神和5R特质的目标要求。另外，还要看教案具体设计是否合理，是否符合课程的需要以及学习进度，目标设计是否合理，是否有利于促进学生深层次的思维。课程教案设计还要对教师的角色进行设计。可以参照以下教案审查意见表（见表3.6）中所列出的栏目进行，当然也可以对之根据具体情况进行修订。

---

① 黄钢，关超然. 基于问题的学习（PBL）导论：医学教育中的问题发现、探讨、处理与解决［M］. 北京：人民卫生出版社，2014：136.

表 3.6 问题式学习课程教案审查意见表[①]

<table>
<tr><td colspan="2">一、综合意见（请在【】内打√。）</td></tr>
<tr><td>接受，无须修正【】
依审查意见修正后再呈交重新审核【】</td><td>依审查意见修正后接受【】
退稿【】</td></tr>
<tr><td colspan="2">二、考核项目（请在同意的项目后的【】内打√，在不同意的项目后的【】内打×。）</td></tr>
<tr><td>1. 整体格式
案例题目合理吗？【】
有吸引力吗？【】
与情境的内容符合吗？【】
注明了案例使用的学生年级与课程吗？【】</td><td>2. 内涵与分量
符合课程的需要及学习进度吗？【】
情境合理，有真实感吗？【】
有干扰学生思维、离题的情节吗？【】
列出期望的学习目标吗？【】
过度重视知识学习而忽略学生思维吗？【】</td></tr>
<tr><td>3. 问题式学习的精神
要求概念掌握【】还是内容完整？【】
给学生足够的学习空间了吗？【】
学生可在指定时间内完成吗？【】
是让学生自主探索【】还是解决问题？【】
有提供学生一些参考资料目录吗？【】</td><td>4. 导师指引
符合问题式学习导师的角色吗？【】
有建议导师指导学生的方向或方法吗？【】
是否直接给予学生标准答案？【】
是否给予导师一定的参考资料？【】</td></tr>
<tr><td colspan="2">三、关键意见叙述及解释（请将具有建设性的反馈及修改直接写入教案稿内，并标示。）</td></tr>
</table>

上海同济大学的问题式学习教案评价表列出了各项目的量表（如表 3.7 所示），对每个项目给出了相应的权重，这样的数字化评价也是问题式学习课程教案评价的一种重要参照。

① 关超然，李孟智. 问题导向学习之理念、方法、实务与经验：医护教育之新潮流［M］. 北京：北京大学医学出版社，2015：52.

表 3.7　问题式学习教案评价表①

姓名		教案名称							
教研室		所属学科							
	分值		15	12	10	8	6	4	2
评价项目及内容	教案总体教学目标明确，每课均有明确教学目的，确保总体教学目标的完成。(10 分)								
	教案内容符合教学大纲，适合该年级学生的学习。(10 分)								
	教案难易度适当，学生通过头脑风暴和课后资料收集能够完成绝大部分预设教学目标。(10 分)								
	教学语言符合问题式学习特点，通俗生动，可以激发学生的学习兴趣。(10 分)								
	教案整体设计编排合理，每幕知识比重分配合理，与学时数对应。(15 分)								
	教案撰写逻辑性强，环环相扣，层层递进，适合架构完整机制图，能体现对学生思维能力的培养。(15 分)								
	提供了丰富的辅助资料（实验室、影像、案例等），有利于学生能力的培养。(10 分)								
	教师版提示性问题合理，对非本专业的导师具有指导性，参考资料充分。(10 分)								
	教案体现对学生人文伦理、合作交流、核心素养等的培养。(10 分)								
	总分								
综合评价及建议	评价专家： 日期：								

4C/ID-PBL 模式课程教案框架设计要充分体现课程的核心理念和教学设

① 黄钢，关超然. 基于问题的学习（PBL）导论：医学教育中的问题发现、探讨、处理与解决［M］. 北京：人民卫生出版社，2014：117.

计思想，要把课程的理念与教学实践完美结合。教案是课程实施的指南，是教学手册，是指导课程实施的操作性文件。教案设计直接影响课程的实施。因此，课程教案框架设计需要关注到具体的操作层面。根据 4C/ID-PBL 模式课程理念，参照上述问题式学习教案成果，结合具体的课程目标，撰写课程教案框架如下。

教案封面设计

4C/ID-PBL 模式课程教案

教案题目：中学生历史思维能力培养

教案教师版

（适用学生：高中一年级）

撰写者：__________

审查者：__________

日期：　　年　　月　　日

单位：

教案代码：

教案前言

前　　言
1. 学生应具备的背景知识 学习本课程的学生应该具备两方面的知识：一是基本的历史知识，学生应该掌握了初中历史的基本知识与相关能力，并且对高中历史知识有一定的了解。二是学生应该有一定的整体任务学习、问题式学习、自主学习、合作学习、探究学习等学习理念与相应的能力。
2. 预期学习目标 学生在学完本课程之后，能够明晰本课程的主要背景与意义；学生能够熟悉本课程的核心学习任务以及教学安排；学生能够明晰本课程主要的学习方法、教学理念；学生能够初步理解问题式学习、任务型学习、自主学习、合作学习、探究学习等教学方法。通过学习，学生能够了解六大历史思维概念，并能够运用历史思维概念分析历史问题，并试图借助这一思维概念，研究历史问题，撰写历史小论文。
3. 课程简述 本课程以整体任务问题式学习为主要学习方法，融入讨论、自主研究、合作学习等教学理念，引入六大历史思维概念来培养学生历史思维能力，并在此基础上让学生学会运用历史思维能力来分析历史问题，并教授学生如何撰写历史小论文。
4. 课程安排 本课程初步设计为集中面授 7 次课，每次 2 课时，共 14 课时。另外，课外自主学习 6 课时，全部课程学完共 20 课时（每课时 40 分钟）。

第一次课：课程及学习方法介绍

课程及学习方法介绍
模块一：课程介绍 本课程以整体任务问题式学习为主要学习方法，融入讨论、自主研究、合作学习等教学理念，引入六大历史思维概念，结合具体的历史问题来培养学生历史思维能力，并在此基础上让学生学会运用历史思维能力来分析历史问题，并教授学生如何撰写历史小论文。
模块二：学习方法介绍 本课程将运用问题式学习、任务型学习、自主学习、合作学习、探究学习等教学方法。问题式学习是以问题为中心，以整体学习任务作为学习驱动，以合作学习为主要方式，通过学生之间的分工合作、讨论等开展学习。通过问题式学习，培养学生自主探究的能力，并引导学生掌握探究学习的方法。
模块三：课程目标介绍 学生在学完本课程之后，能够明晰本课程的背景和意义，能够熟悉本课程的核心学习任务以及教学安排。学生能够明晰本课程主要的学习方法、教学理念。学生初步理解问题式学习、任务型学习、自主学习、合作学习、探究学习等教学方法。通过学习，学生能够了解六大历史思维概念，并能够运用历史思维概念分析历史问题，并能借助这一思维概念，研究历史问题，撰写历史小论文。
自主学习安排与参考资料： 在第一次课初步了解本课程要求之后，给学生课后学习的安排就是根据课程的要求，初步选择一个历史问题，并试图说明为什么选择这一历史问题进行研究。 提供的参考资料是六大历史思维概念的简介。

第二次课：讨论学习主题选题

讨论学习主题选题
模块一：教师简述学习主题与选题要求 在上一次课的基础上，结合课外学习的情况，教师让每一位学生阐述自己选择的学习主题，并说明选择该主题的缘由，如何体现六大历史思维概念。
模块二：学生阐述自己的观点 在这一模块中，学生阐述自己的观点，小组长做好记录。在这一过程中，学生可以相互提问。
模块三：学生分组初定主题 当每名学生都阐述完成自己的选题之后，就可以结合学习主题的相关度进行分组。一般来说，主题相对集中的分在一组，并确定1名小组长。需要注意的是，一般来说，不主张1名学生单独完成某一个问题的研究。一般在指导教师的指导下，3～4名学生共同研究一个问题。这个时候就会存在问题取舍的问题，指导教师要做好指导工作。研究主题过于分散，不利于课程学习的深入。
自主学习安排与参考资料： 本次课外学习的安排就是学生在课后，以小组为单位组建学习小组的网络学习平台。各小组成员在网络平台进一步讨论开展学习的初步方案，进一步完善选题。 参考资料可以结合学习主题推荐一些文章、书籍、相关网站和数据库。

第三次课：构建学习任务和学习问题

构建学习任务和学习问题
模块一：结合学习主题建构学习任务 学习任务建构是任务型课程设计的重要组成部分。确定好学习主题之后，就要根据任务型课程设计的理念和思路进行课程任务设计。任务建构应要求学生根据自己的选定主题，确定好任务结构图；要做好任务的分类，以及常规任务、非常规任务的区分，还要注意任务之间的层次以及任务之间的关系。任务设计完成之后，设计者要进行小组之间的任务分配。
模块二：结合学习主题设定学习问题 学习任务设计完成之后，设计者要结合学习任务设定学习问题。学习任务是课程的框架，学习问题是驱动学习的动力。问题设计要体现任务的层次性，也要体现问题的探究性。结合学习任务的分工，学习小组将学习问题进行进一步的细化与分工。之后，小组成员之间可以相互讨论，确定问题的结构图。
模块三：讨论交流各小组的主题与任务 学习任务的设计是否合理，学习问题的设计是否有效，这些需要小组之间进行讨论评议。在小组任务、问题设计完成之后，各小组要一起交流讨论小组的主题及任务与问题设计。经过讨论交流之后，各小组将会进一步地完善之前的方案。
自主学习安排与参考资料： 学习任务和学习问题设计好之后，设计者就可以要求学生根据自己的研究主题开展学习了。学生根据分配的问题展开学习，力求解决这些问题。在解决这些问题的过程中，学生可能会遇到各种问题，这时候可以通过小组网络学习平台讨论解决有关问题。指导教师可以结合网络讨论的情况，适时提供指导，也可以在需要的时候，提议以网络会议的形式进行讨论。 参考资料可以是一些具体的学习方案、学习方法、学习指导手册等，也可以是有关主题的参考文献、著作等。

第四次课：分小组汇报学习进展

分小组汇报学习进展
模块一：简述分组汇报规则与要求 经过前期的学习之后，学生对有关学习问题进行了研究。再次回到课堂上，学生要对前期的学习进展进行汇报。汇报一般是小组长汇报。小组成员也可以在小组长汇报之后，进行相应的补充。其他小组的成员可以针对该小组的汇报提出问题，并要求进行解释说明。一般每个小组的汇报时间为 15 分钟，问答时间为 5 分钟。在汇报过程中，记录员要做好记录。汇报内容主要包括初步的学习情况，学习过程中遇到的问题，下一步学习的初步方向，以及预期的学习结果。
模块二：各小组汇报学习进展 将汇报要求和规则说明清楚之后，各小组就开始进行汇报。记录员做好记录。指导教师根据小组现场汇报的情况适时做出点评。
模块三：讨论交流各小组的任务进展情况 汇报交流之后，根据指导教师以及其他小组成员的意见及借鉴其他小组的学习情况，各小组要进行再次讨论、交流。
自主学习安排： 汇报、讨论、交流之后，各小组要根据本次课中所反映出的问题，对学习情况进行总结和反思，并提出下一步学习的计划安排。应该说，经过了汇报、讨论、交流之后，学习的方向进一步明确。

第五次课：指导学习结果呈现的方法和要求

指导学习结果呈现的方法和要求
模块一：进一步明确学习结果呈现的方式 “中学生历史思维能力培养”课程主要需要学生能够结合历史思维能力概念，就具体的历史问题进行分析，就某一个或者几个历史问题提出自己的看法、观点，最后综合成文，撰写成历史小论文或者历史学习报告。 本课要首先指导学生如何结合前期的学习，将学习的结果进行梳理，撰写好历史小论文或者历史学习报告。
模块二：对学习结果的梳理、研究结论的呈现进行指导 本课程模块要指导学生如何撰写历史小论文和历史学习报告。论文的撰写要注重证据意识，充分注重史料的意义，有一份史料说一句话，还要注意历史结论的合理性。在进行历史推论的过程中，学生也要注重逻辑关系的准确性。 撰写历史学习报告也要注重基本的行文规范，从主题的选定、学习过程、学习得出的结论等方面要简明扼要地阐释清楚。
模块三：讨论交流学习过程中的问题 经过上次的讨论，学生又进行了进一步的学习，到本次课应该说基本完成了主体的学习。这次讨论要将学习过程中还存在的主要问题梳理清楚，达成一致意见。
自主学习安排： 课后的自主学习主要是学生结合指导教师提出的关于历史小论文的撰写要求以及历史学习报告的准备要求，完成整个课程学习结果的汇报准备工作。

第六次课：分小组汇报学习初步成果

分小组汇报学习初步成果
模块一：小组汇报 本次课程的主要内容是学习结果的汇报，学生展示在学习完整个课程之后，取得了怎样的学习成果。根据上次的要求，在这次课堂上以小组为单位进行展示汇报。
模块二：对学习成果进行问答 一个小组展示之后，学生要对学习成果进行问答。由其他小组成员提出学习成果中存在的问题，该小组进行回答。指导教师也可针对有关问题提出疑问，并要求该小组做出解释说明。
模块三：讨论交流进一步完善成果的建议 针对学习成果中的问题，学生再进行讨论。这一阶段的讨论可以是小组内部的讨论，也可以根据问答过程中的相关人员临时组成小组进行讨论，也可以针对问题进行一对一的交流。
自主学习安排： 这次课程之后的课外自主学习安排就是学生对学习成果进行最后修订、完善。

第七次课：课程小结

课程小结
模块一：对学习成果进行修订、说明、上交 本课是本课程的最后一次课。第一个内容是对修订过的学习成果进行上交。指导教师要对学习成果做评判。
模块二：对学生学习情况进行评价、反馈 在评判的过程中，教师要结合学生整个学习的过程性情况以及其他小组成员对该成果的评议，也可开发一些测试题供学生完成，测试一下学生是否较好地达成了课程学习目标。
模块三：对课程学习进行问卷调查、访谈 为了进一步总结课程学习情况，课程学习结束后，教师要对课程学习情况进行问卷调查或者访谈，让学生谈谈自己的学习收获、体会，也让学生谈谈对课程设计等方面的看法，便于下一步课程实施过程中可以进行参照、修订。
自主学习安排： 因为是最后一次课，所以自主学习的安排是对学生进一步自主学习提出期望，希望学生能够将所学运用到日常的学习中去，将掌握的学习方法进一步地运用。

第四章　课程资源开发

在课程资源开发阶段，课程开发人员根据在课程设计阶段的设计蓝图创建出可以用来具体实施的课程内容。在课程资源开发阶段通常需要开发以下内容：学习资源、学习指南、教学指南、评估工具。开发学习资源需要关注选择或者开发支持学习内容的具体媒体形式。课程资源开发中具体的教师教学和学生学习的策略也是开发的重要内容，因此，课程资源开发还需要完成教师教学指南和学生学习指南。课程的目标是否能够达成，需要对学生的学习进行评估。课程资源开发也要对评估的具体方式、评估的工具等进行开发。课程资源开发是课程具体实施之前的最后步骤，在课程开发过程中，要做好课程实施之前的所有准备工作，形成实施课程的具体、详尽的方案，完成整个课程实施的资源包。

第一节　开发学习资源

前期研究已经形成了基于 4C/ID-PBL 模式的教案框架建构，并探讨了 4C/ID-PBL 模式的课程设计。本节主要以课程设计的教案框架为基础，开发出基于具体学习内容的学习资源，形成课程实施的学习内容资源包。“中学生历史思维能力培养”校本课程的学习资源开发主要涉及六大历史思维概念的相关学习资源开发，相关网络资源的介绍等。

六大历史思维概念是本课程的重要载体，也是本课程的主要目标。本课程通过对六大历史思维概念的学习、理解、运用，培养学生的历史思维能力，提高学生的历史核心素养。基于 4C/ID-PBL 模式的六大历史思维概念学习资源开发是学习资源开发中的重要内容。为了进一步聚焦，本课程以近代以来，中国历史的发展演进的历史脉络为主线，从历史意义、史料实证、延续与变迁、原因与结果、历史视野、伦理维度六大历史思维的视角，与学生共同探讨中国近代发展过程中的奋斗历程，以此来培养学生的历史思维能力。

一、历史意义

通过对历史意义思维概念的探讨，明确历史意义的由来，为进一步深入探讨其他历史思维概念打下基础。

历史意义学习资源	
概述	在本课中，学生要去判定中国近代史中的历史场景、事件等对中国近代史发展是否具有历史意义。通常学生会遇到这样的问题：为什么在这么多的历史人物、事件中，我们特别需要关注、学习这些历史人物、事件？对我们来说，这些历史人物、事件具有怎样的历史意义？ 首先，教师要求学生阅读一本中国近代史相关著作，然后找出与中国近代的发展演进，与中国现代化相关的，具有历史意义的历史事件、人物等。 本课也将解释学生在之前的课中归纳出来的历史事件，为什么是有意义的。本课还会告诉学生如何判断历史资源的价值，这会在后面的学习中得到运用。
学习目标	1. 学生将会学到描述变迁影响的术语。 2. 本课中学生也将会学到有历史意义的事件、人物等。这些事件、人物之所以有历史意义是因为他们影响了历史的变迁或者揭示了当代的或者历史上的某些问题或者社会现象。 3. 学生将试着对某一历史资源或者事件是否具有历史意义做出判断。 4. 学生也会尝试在历史资料中抽出部分内容来说明这些事件是如何影响历史变迁或者是揭示历史的，以此来支持自己的判断。 5. 在本课的最后，学生将会理解过去与历史是两个不同的概念，历史是一种由有意义的问题、事件、发展等组成的叙述。 6. 学生也需要认识到历史事件的意义在于其在历史叙述中所处的位置。

续表

历史意义学习资源	
课程目标	1. 具体目标：构建问题，引导学生思考，运用不同群体的历史视角看待中国近代史上的历史事件。 2. 历史思维概念：本课聚焦历史意义。学生将会学到将历史意义归结于那些影响历史的变迁或者揭示历史真相的历史。 本课还将介绍历史意义是被建构的，与历史叙述相关。
学习资源	一手资料：提供给学生几本中国近代史相关参考书目。 提供给学生一些描述历史变迁的术语。 提供给学生一些网络视频资源（视频公开课等）。
教学计划	1. 导入（10分钟） 假设一个历史情境，选择一个历史人物。假设这名历史人物将要来我们所在的城市访问，我们如何说服他来访。 要求学生写下来至少5点来说服他来我们这里参观。 学生写完之后，教师要求学生进行分享。教师问学生：为什么你认为你的建议能够说服名人？如果邀请另外一个历史名人，你是否会改变你选择的说服别人的理由？ 2. 讨论 教师与学生讨论历史意义的概念。 你们认为历史意义是什么意思？ 历史意义，在这里是否有其他近义词？ 3. 教师讲授（5～10分钟） 历史事件和历史人物如果影响了历史的变迁或揭示了历史的深层含义，那么它们就具有历史意义。 证明所列事件是否具有历史意义，通过其是否带来历史改变来判断。 介绍有关历史影响变迁的词汇。 这种变化是短时间的还是长时段的？ 证明这些历史事件是否具有历史意义，是因为它揭示历史的深层含义。 谁被牵涉在该事件中？谁使用了该物件？ 事件过程中发生了什么？该物件有何作用？

续表

<table>
<tr><th colspan="2">历史意义学习资源</th></tr>
<tr><td>教学计划</td><td>他告诉了我们什么？
4. 指导练习（10分钟）
将学生两两分组。教师给学生分发材料，指导学生对分发材料中的事件的历史意义进行评级，1分是最有历史意义的事件，9分是最不具意义的历史事件。当然，有些事件是具有相等的历史意义的。
5. 分享、讨论、教师指导（10分钟）
当学生两两对历史事件进行历史意义评级完成之后，两人小组合并成为四人小组。
四人小组一起讨论他们的评级。原来两人小组需要向另外一个两人小组的同学解释他们的评级。
四人小组中的两人小组需要对各自的评级进行讨论，然后达成一致。
6. 自主活动（20～30分钟）
给每位学生一份中国近代史上缔结的不平等条约的复印件（如《南京条约》）和一个有关音乐、舞蹈的摘要材料，让学生去决定哪个材料更有历史意义，让学生在材料中标示出来。另外，在标示的过程中，学生还需要区分出该历史事件是影响了历史的变迁还是揭示了历史的真相。
7. 分享、讨论、教师指导（10～15分钟）
全班集体回答以下问题：
第一，《南京条约》具有历史意义，是因为该条约影响了历史的变迁，还是说该条约揭示了历史的意义或者真相？或者两者兼而有之？
第二，有关音乐、舞蹈的摘要材料具有历史意义，是因为该音乐、舞蹈影响了历史的变迁，还是说揭示了历史的意义或者真相？或者两者兼而有之？
问问学生：你们把材料中的哪些内容标示出来了？为什么？
介绍一个观点，即历史意义也取决于历史的叙述方式。
问学生：怎样叙述有关条约或者摘要材料，才能清晰表达出它们所具有的历史意义？
基于学生的观点，然后建议学生阅读其他的历史资料，这会与下一课史料实证有关。</td></tr>
</table>

续表

历史意义学习资源	
评价	在本课的最后，学生将会能够解释历史意义，能够展示历史事件影响的历史变迁或者揭示出的历史真相。 学生也能够开始提问有关于某一历史事件在不同的历史叙事中是否具有历史意义。 教师可以通过观察学生在讨论时的表现来了解学生是否有进步。另外，根据学生在学习资料上标示出来的内容，教师让他们谈谈为什么要将这些标示出来。 评估方式： 1. 在集体回答问题的时候，教师可以观察出哪些学生是理解了的，哪些是学生没有理解的。 2. 通过检查学生的标示材料，教师可以评判出学生是否理解了历史意义。

二、史料实证

在明确了历史意义之后，接着探讨的下一个历史思维概念是史料实证。历史讲究证据，讲究论从史出。因此，史料实证的历史思维概念是伴随着历史学习、研究的始终。培养学生良好的历史证据意识，是历史学习的必然要求。

史料实证学习资源	
概述	本课的目的在于让学生认识到证据是理解历史事件的至关重要的因素。证据不仅提供关于过去的事实或者是历史人物过去经历过的真相，还是历史叙述的重要组成部分。 殖民侵略在中国历史和历史教学中是一个重要的话题，通过讨论这个话题，希望学生能够更好地理解中国近现代历史的发展历程。我们在后面的伦理观念中也会再谈到这一话题。 本课也会和前面的课有关联，本课是基于历史意义的。一个历史事件只有在其与历史背景一致或者其叙述是基于证据的，才具有历史意义。资源只有与历史背景一致才具有历史意义，同样只有历史背景与研究相关，该资料才会产生价值。

续表

史料实证学习资源	
学习目标	在本课中，学生将会学习如何去解释历史资料并从中做出推论。学生将会得到一些原始资料并从中推论这些资料创建者的背景和世界观。学生将开始去理解证据有效的重要性。
课程目标	教师创设问题，指导不同研究小组对历史事件的意义进行探讨，内容是香港地区殖民时期的历史。 本课将聚焦培养学生史料实证的历史思维概念。具体来说就是让学生学会通过确定、解释一手资料的意义，然后进行推论，构建出历史事实，其中也会探讨如何对史实进行考证。
学习资料	中英《南京条约》的主要内容。 纸牌游戏规则。
教学计划	1. 热身 推理类纸牌游戏。 2. 讨论 让学生将玩纸牌与检查历史证据连接起来。 当学生在思考自己手上的牌，并推测其他人手上的牌时，他们就是基于资源来进行推论。 当学生在问其他同学然后通过他们的回答试图找出哪张牌在哪里的时候，学生就逐渐学会了在资料中找证据。 学生也通过与其他人一起确定证据，然后得出结论。 3. 教师指导 探究问题：英国的殖民侵略事件是一场灾难吗？为什么？运用史料来说明你的观点。 史料主要有这样几个种类： 第一，历史叙述。 第二，历史线索。 第三，历史文物。 向学生展示一些历史资料。 第一，探究问题：殖民侵略事件是不是一场灾难？ 第二，资源：一些历史资源。

续表

<table>
<tr><th colspan="2">史料实证学习资源</th></tr>
<tr><td>教学计划</td><td>第三，背景：鸦片战争结束了（具体的历史背景）。
第四，描述：针对材料中的内容进行分析描述。
4. 指导练习
探究问题：殖民侵略是一个冲突事件还是一场灾难？
基于此问题，学生两人一组，从其他一手资料中找出证据。学生可以记录他们找到的证据。
5. 自主活动（10 分钟）
学生按照教师指导的程序再重复一遍，然后在学习小组里面独立完成。
6. 分享、讨论、教学（10 分钟）
让每个小组都有一个证据管理组织者，这样每个学生都能对史料有基本理解，即使他没有参与到某一个具体的史料分析中。
可以通过大的图纸或者是投影将资料展示出来，这样所有学生都可以看到。活动的最后，教师将会收齐所有整理出来的证据。
再次重复这一过程，让学生再有一次机会来进行确认，通常可以让学生从其他小组中获得一些经验。</td></tr>
<tr><td>课堂评价</td><td>学习评价：
本节课的最后回顾，是教师评判学生在运用证据方面理解得如何。
如果有学生对这一概念还是不太理解，建议在下次课的时候，再运用其他的原始资料（图片、实物）或者其他历史事件再重复一次。这样教师就能够明白学生是在理解材料方面有困难，还是在理解“史料实证”这一概念上有困难。</td></tr>
</table>

三、延续与变迁

历史的车轮滚滚向前，历史的洪流奔腾不息。作为历史学习者，面对这历史滚滚的车轮与奔腾的洪流，我们应该如何来认识历史的发展变化、延续与变迁呢？我们应该让学生认识到，历史的延续与变迁是相互交织的。历史的演进是一个过程，具有不同的模式与节奏。历史的转折点，就是历史的方向或者节奏发生了较大变化。历史的延续与变迁的过程中，还出现历史的进步与倒退。历史的进步与倒退还与历史观察者的视角有关，对于一个历史事件，一部分人认为是历史的进步，也许在另外的一部分人来看是历史的倒退。同时，对历史进行分期，能帮助我们理解历史的延续与变迁。

<table>
<tr><th colspan="2">延续与变迁学习资源</th></tr>
<tr><td>概述</td><td>本课主要聚焦于中国近代史的延续与变迁，从 1840 年鸦片战争开始。当时的中国受到西方的入侵、挑战，在面对这些挑战的时候，社会哪些群体发生了变化？哪些群体还是在延续之前的历史，本课重点关注的是，在当时哪些群体经历了延续与变迁，这种延续与变迁是一种历史的进步还是倒退。
在本课中，学生将运用地图、一手与二手资料来分析这一历史时期，英国人、清政府、中国各阶层的民众（政府官员、一般乡绅、传统商人、农民）在生活方面发生了怎样的改变。
在本课中，学生将运用前面所学有关史料实证的技能来解读新的史料，以解决不同时期的延续与变迁的问题，分析不同群体对延续与变迁的视角。
学生将尝试区别不同的变化，这将为下一课有关原因、结果的学习做准备，同时为学习深入分析历史转折点，以及前后溯源找出原因与结果打下基础。</td></tr>
<tr><td>学习目标</td><td>在本课中，学生将学一些有关描述改变的词汇，如改变的影响、质量、持续性、速度以及方向等，也会学习如何描述历史的延续。
学生将分析历史资料，然后找出延续的模式以及导致历史剧烈变迁的转折点。学生将对比不同群体的历史经验，然后做出判断：对不同群体来说，到底是历史的进步还是历史的倒退？
在本课的最后，学生将制作一张大事年表。
本课重点关注的是，历史不是一些不连贯的事件。即使历史转折点会改变历史发展的方向，但历史也是延续的。历史延续与变迁的交织推动了历史的前进。</td></tr>
<tr><td>课程要求</td><td>构建问题，引导学生研究不同群体对殖民侵略事件历史意义的看法。
探索中国近代史上延续与变迁的一些实例。重点探索延续与变迁是如何交织在一起的，变迁是伴随着不同速度和模式的，比如进步和倒退。</td></tr>
</table>

续表

延续与变迁学习资源	
资料	1. 一手资料 地图等； 有关延续与变迁的术语； 描述变迁特征的术语； 大事年表框架图。 2. 辅助资料 有关延续与变迁的术语表； 描述变迁特征的术语表； 转折点相关资料； 有关延续与变迁的词汇。
教学计划	1. 课前热身（导入） 展示三幅不同历史时期的地图。 2. 讨论（5 分钟） 介绍地图，探讨如何将地图作为延续与变迁的历史证据。 针对三幅地图的变化，问一些问题。 让学生思考，从地图变化中，推论出怎样的结论。 注意，问问题的过程中，可以关注地图的相同点与不同点。 重点关注某一幅地图。 3. 教师指导（10 分钟） 关于变迁的定义。 本课的三大要点： （1）延续与变迁是相互交织的，即它们经常是一同出现的，即使在某些特定的节点上，某一方面可能表现得更多一些。 （2）变化是一个过程。有的时候变化更快些，有的时候变化更渐进。转折点是历史航向改变的时刻。模式与转折点都是变迁的过程。 （3）变迁并不一定意味着历史的进步或者退步。变迁发生在历史进步或者倒退的时期，甚至是在历史的静止时期。此外，变迁对一个群体来说是历史的进步，但对另外的群体来说可能是历史的退步。 注意：时间轴要画出来，教师可以先在黑板上画出一个草图，当讲述有关延续与变迁的三个要点的时候，再细致画出时间轴。

续表

<table>
<tr><td colspan="2">延续与变迁学习资源</td></tr>
<tr><td>教学计划</td><td>有时候历史变化很快。在欧洲七年战争期间，战斗堡垒可能在几天或者几个月里面多次易手，某次战役也非常短暂。
有时候，历史的变化是渐进的。
历史转折点是历史进程中历史前进方向转变的点或者是历史节奏变化的点，如某一个重要的条约的签订，可能成为历史的转折点。
也有一些历史的延续没有受到历史变迁的影响，如宗教、国家主义以及文化认同等。
4. 指导练习（10 分钟）
让学生分成小组，然后阅读有关中国近代史的一本著作。
小组合作寻找有关历史变迁和历史转折点的具体例子。
小组合作寻找历史延续的例子，是否有些事情一直在发生？
5. 自主学习（15 分钟）
运用收集到的有关历史资料，寻找历史延续与变迁的有关内容。
历史延续的例子：
不同群体延续的文化认同例证。
独立的历史事件之间联系的模式，也可用来探讨历史的延续，如哪些国家发生了战争，哪国胜利了，是否具有宗教意义。
学生构建出历史事件之间关系的思维导图。
接下来探讨几个历史转折点，然后说明为什么这些是转折点，另外的为什么不是转折点。
6. 分享、讨论、教学（10 分钟）
学生分成两两一组，让学生交换他们的思维导图和转折点资料。让学生回答是否认同他人的成果，为什么认同或者为什么不认同。</td></tr>
<tr><td>评估</td><td>学习评价：
学生将会被要求去创建一个详细的时间轴，然后描述延续与变迁。
学生在时间轴上画出代表不同历史事件的图片。
学生选择一个延续的历史事件，并说明原因，然后画出来表示延续的图。
在时间轴上给不同类的事件涂上不同的颜色。</td></tr>
</table>

四、原因与结果

历史事件为什么会发生？又会产生怎样的历史影响与历史意义？这些是历史学习与研究探讨的永恒话题。穷尽一切，在漫漫历史长河中，找寻历史的真相，探求历史的影响，这是历史研究的追求。原因与结果历史思维概念的学习旨在培养学生学会如何去探寻历史事件发生的原因，分析历史事件的结果。

原因与结果学习资源	
本课简介	在本课中，学生将会观看电影《鸦片战争》的片段。 运用历史思维概念，分析原因与结果，学生将分析事件发生的原因，以及这些事件的结果。 学生开展小组合作检视一些群体做出的决定对历史事件的发展具有的短期或者长远影响。 本课将与上一课中的延续与变迁以及下一课中的历史视野有联系。
学习目标	学生学习事件发生的原因以及结果的分析方法。 学生学会分析事件发生的原因与结果以及之间的相互关系。 学生学会分析某个历史人物处在具体的历史情境之中的行为表现。
课程要求	构建问题指导学生研究不同群体对历史事件的意义、发展以及权力的转移等方面的影响。 本课研究历史思维概念中的原因与结果，着重探讨历史变迁是由多种历史因素导致的，历史的改变也会产生短期或者长期的历史影响，也会探讨历史人物在其中的角色以及所处的历史条件。
学习资料	电影视频片段、地图等历史资料。
学习计划	1. 课程导入（1 分钟） 出示三张地图照片。 2. 讨论（2 分钟） 问问学生：记住了地图上的哪些内容？ 展示地图上领土边界的变化。 问学生：是什么导致了领土边界的变化？谁决定了要改变边界？这种变化会带来怎样的结果？

续表

原因与结果学习资源	
学习计划	3. 教师指导（10分钟） 给学生播放电影《鸦片战争》的片段。 针对电影中的情景提问：鸦片战争导致怎样的结果？是什么原因导致鸦片战争的爆发？当时的历史条件是怎样的？ 事件有多样的原因也有多样的结果。某个事件的结果经常也会是另外一个事件的原因。分析原因与结果时，也要考虑到个体的重要性，个体做出决定，也会导致事件的结果发生变化。个体的决定很大程度上受到历史环境的影响。举例，分析道光皇帝当时的决策对历史发展的影响。 4. 指导练习（30分钟） 再观看电影《鸦片战争》的片段，大概20分钟。 将学生分成三个组。 三组学生分别关注三个不同的人群，思考并分析他们行为的原因与结果。 5. 分享、讨论、教学（5～10分钟） 三组在班级分别呈现他们的成果。当每个小组都呈现之后，所有学生共同讨论，找出其相同点，如结果，或者是一个群体的决定，影响了其他群体。 6. 自主学习（10～15分钟） 学生阅读两份历史资料，完成有关原因与结果的作业纸，弄清楚这些事件与历史资料的关系，并找出导致该事件发生的原因以及该事件短期或者长期的历史影响。 学生确认与文件相关的群体，并列举出他们与文件相关的事项。
评价	要求学生交出他们的有关原因与结果的作业纸，教师通过作业纸的完成情况，检查学生是否理解了这些概念，并运用到其他的具体的历史事件分析中。

五、历史视野

不同历史时期人们的信仰、价值观与动机等是有很大差别的，我们如何来更好地理解历史人物？其中最为重要的一点，就是我们不要以当代人的视角去看待历史人物的行为，我们应该进入历史情境去看待当时的历史人物为什么做出这样的决定或者行为。只有这样，我们才能更好地理解历史本身。

历史视角学习资源	
概述	在本课中，学生将会探索不同的历史视角。通过分析历史小说和非虚构的历史资料，学生将探索不同的历史视角，通过定位历史角色的历史背景，解释这些历史角色的选择。 本课学习需要用到前面课程所学的有关技能。学生通过探索证据等，进一步明了历史角色的社会价值、宗教信仰、文化标准等可能会影响到历史角色的世界观。学生也会用到延续的概念，特别是文化延续，进一步深入理解历史角色的历史背景。最后，学生选择一个历史视角来解释历史角色如何看历史事件对他们的意义。 本课也会与下一课的伦理维度相关。学生也会被告知：历史人物应该具有世界视野。这就意味着，不同的群体具有不同的期望和信仰系统。
学习目标	在本课中，学生将学习“理解历史人物的视角，最好先理解他们的历史背景”。学生能运用他们学过的实证概念去选择一个历史视角。当选择了某一个历史视角之后，学生能在该历史人物的视角之上分析问题。 学生理解不同的历史人物有多样的历史视角。学生能探索同一历史事件的不同的历史视角。
课程要求	构建问题，引导学生探究不同群体的不同历史视角。 本课探索历史视角。本课主要聚焦将历史人物放到历史背景中，比较不同的历史人物对待历史事件的不同视角。
学习资料	1. 一手资料 小说《海外新话》(描写鸦片战争的小说，日本作家岭田枫江著)。 2. 教师指导 构思写历史小说。 写简要人物传记。
教学计划	1. 导入 (10 分钟) 继续观看电影《鸦片战争》的片段。 学生在看电影的时候，当发现内容是与历史不符的，记下来哪些是不准确的或者是错的。 2. 讨论 (5 分钟) 正如我们讨论历史意义一样，背景对于理解历史是非常重要的。离

续表

历史视角学习资源	
教学计划	开了具体的历史背景，人物、事件等都没有历史意义。同样，历史视角也是这样。没有历史背景，历史视角同样不具有意义。 历史角色的背景，能帮助我们深入这些历史角色，在历史发展过程中，到底看到了些什么？他们信仰什么？怎样的行为被认为是合乎道德的？他们在社会中的角色是怎样？社会对他们有怎样的期待？他们对社会有怎样的期待？这些问题的答案将会在历史资料中得出。 历史学家能通过这些不同的观点更好地理解为什么人们要做出那样的决定，为什么他们面对不同的历史事件做出了不同的反应。 今天我们将通过历史小说来探讨历史视角。 3. 教师指导（10 分钟） 通过历史小说是历史学家将历史带入生活，然后帮助人们连接历史视角，了解历史学家的叙述方式。 教师让学生阅读历史小说《海外新话》的片段。 学生试图去理解历史小说中的历史角色的视角，了解不同的视角。 学生通过试写历史传记，来深入体验历史视角。 4. 指导练习（10 分钟） 学生通过一些历史小说的引文、历史叙述、绘画等，进行头脑风暴，思考问题：他们会采用怎样的历史视角？教师环绕四周，问学生是否找到一些有意义的东西，是否还需要其他的资料。 5. 自主学习（20 分钟） 每个学生选择一个有关的历史视角，然后找到证据支持自己的观点。 教师问学生是否需要帮助。另外，关注学生怎样将历史人物角色置于具体的历史背景中去。 6. 分享、讨论、教学（5 分钟） 在小组内，学生介绍他们写的人物传记。
评价	学习评价： 学生将写的历史传记贴出，其他学生也可以有不同的解释，了解学生是否正确地解读了历史资料。 在这一过程中，学生解释角色的视角要在一个具体的历史背景中，运用史料实证，支持他们的观点，同时也要考虑他人的视角。如果学生能够完成这些，那么他们就已经很好地完成了学习任务，达成了学习目标。如果有学生还是没有很好地理解的话，那么就需要教师单独指导。

六、伦理维度

历史如何帮助我们生活在当下？我们如何对历史人物或事件进行伦理与道德判断？这些是非常重要的问题。在进行历史叙述的过程中，作者或多或少都会受到自身的价值取向影响而做出伦理和道德判断，甚至有时候是不自觉的伦理判断。历史学习者，要明确伦理判断的合理性。通过伦理维度历史思维概念的学习，学生能够树立正确的价值观，对历史人物、事件做出合理的价值判断。

伦理维度学习资源	
概述	在本课中，我们探索自己在历史学习中的角色。作为一个历史学习者或者是有见识的公民，我们如何去记忆或者回忆过去所发生的那些牺牲或者英雄行为？ 本课从阅读历史小说开始，运用历史小说连接到那些先贤的历史视角。 之后，我们将会讨论具体的历史实物或者历史记载。 学生需要使用计算机网络来搜索有关网站，来查找关于历史事实的有关信息。教师准备的学习手册会支持这一活动，但是信息并不是很充分。 在本课的最后，会做一个有关这些历史史实的闭卷测试。 本课是总结性任务之前的最后一课。本课也将告知学生这样的观点，即记住过去是我们的责任。学生最终的任务是做一个历史巡览。
学习目标	学生学会内在的或者外在的伦理立场的区别。在进行历史分析的过程中，学生将练习他们分析信息的技能。学生能像历史学家的视角一样，理解历史经历者的世界观与我们是不一样的，因此我们不能够用现在的标准去判断他们。
课程目标	教师构建问题，去引导学生研究不同群体对历史事件的视角。学生能理解中国近代史发展过程中的重大历史事件。 本课让学生进入历史的伦理维度。 学生讨论内在的与外在的伦理态度。学生也将会积极探索，能理解：记住过去是历史学家的责任，也是作为有见识公民的责任。
课程资料	历史小说

续表

伦理维度学习资源	
教学过程	1. 导入（5 分钟） 教师介绍并引导学生阅读历史小说《海外新话》。 2. 讨论（5～10 分钟） 教师问：观看电影和阅读小说这两种材料之后，你对英国士兵有何看法？ 两位作者是否都传递了英国军事行动的伦理判断？ 历史叙述的作者明确或者是暗含地表达了伦理判断，甚至有时候作者不是故意的。 作为历史学习者，我们必须意识到自己的这种判断。 就像讨论历史视野的时候一样，历史角色的世界观有时候是与我们有巨大差别的，运用今天的标准来评判他们是不公平的。 只有当我们考虑了历史角色的时代背景，从而避免执今律古，我们才能够作出对过去的合理判断。 3. 教师指导（10 分钟） 作为历史学习者，更为重要的是，作为信息时代的公民，记住并且对过去的贡献、牺牲等做出反应是我们的责任。 教师问：有人能够举出一些纪念日，来感激那些保护我们国家的人吗？ 另外，有人能够举出一些纪念英雄的纪念碑吗？ 如果是，它们在哪里？然后是在哪次的战争中？发生了什么？ 讨论：这种竖立纪念碑的行为是否合适？是否有效？ 4. 实践指导（5～10 分钟） 你认为哪个观点更为正确？为什么？ 没有对当时的历史背景进行分析，我们不能做出伦理判断。 5. 自主学习（10 分钟） 学生通过自主学习，完成作业纸。 6. 分享、讨论、教学（5 分钟） 学生分成小组，与其他学生一起分享观点。
评价	在课程的讨论中和检查中，学生思考并提出建议，我们应该如何记住过去。不能用现在的标准和对错判断来对过去历史人物进行伦理判断。

学习资源的开发是多方面的，在信息技术发达的今天，不仅有课堂上的学习资源的开发，还有网络学习资源的开发，通过线下与线上学习资源的结合，能进一步促进教学资源的丰富性、有效性。学习资源开发还可以通过推荐阅读书目、推荐网络视频公开课等，扩大学习资源的范围。多样的学习资源，为课程学习的有效性提供了重要保障。

第二节　开发学习指南

开发 4C/ID-PBL 模式课程学习指南是为了给学生提供学习过程中的帮助。通过学习指南，学生对课程学习的知识、能力以及学习此课程的意义更为明确。学习指南为学生积极主动参与到学习过程中来，起到了促进作用。另外，自主学习也是本课程的核心教学理念之一，因此，部分高阶学生通过学习指南就可以自主完成部分或者全部的课程学习。下面将结合具体的课程呈现出课程学习指南的大体框架及主要内容。

“中学生历史思维能力培养”课程学习指南	
简介	本指南的目的是让学生更好地理解本课程的实施理念，能够尽快地进入学习状态，特别是初次接触这样课程的学生更需要了解本指南的内容。通过认真了解本指南的有关内容，学生可以更早地进入这一课程的学习状态。 本课程是以整体任务为课程实施的主线，以问题为驱动的课程。通过整体任务的建构，学生能将零碎的知识，通过整体任务串起来，构建课程的整体意义。另外，本课程以问题为驱动，培养学生主动提出问题、钻研问题，从而解决问题的学习能力，通过问题式学习，提升学生的思维能力水平。
明晰目标	本课程的目的是培养学生的历史思维能力。学生以中国近代史有关历史内容为载体，学习历史意义、史料实证、延续与变迁、原因与结果、历史观念、伦理维度六大历史思维概念。本课程以整体任务为主线，以研究历史问题为驱动，培养学生的历史思维能力。
形成问题	通过学习六大历史思维概念，学生初步理解了本课程学习的目标和具有了初步的知识框架，明晰了学习的整体任务。接下来，学生结合具体的历史问题，找出深入学习的切入点。在这个过程中，学生通过一定的方式，形成自己的学习小组，通过小组讨论、教师指导等形成构建小组的学习问题。

续表

“中学生历史思维能力培养”课程学习指南	
研究问题	小组形成了自己的研究问题之后，小组成员进行讨论，并进行一定的分工合作。指导教师可在合适的时候，进行研究方法的指导。小组成员可以通过建立网络沟通群的方式，进行组内课下的网络交流，进一步明确研究问题和研究进程。初步的研究之后，学生需要进行组内的讨论交流，这时的讨论交流最好是以组内交流、组际参与的方式。小组成员在内部进行交流的时候，指导教师与其他小组成员都可以旁听，并可以就有关问题进行提问，以便使问题的研究能够更为深入、合理。
完成报告	经过几轮的课上和课下网络交流讨论之后，各小组对研究的有关问题已经形成了初步成果。这时各小组就要根据自己的小组研究情况，形成初步的研究报告。在此之前，指导教师会在合适的时候进行报告撰写方法的指导。
汇报展示	完成了初步的研究之后，学生需要将研究成果展示出来，展示的方式是多样的，可以通过幻灯片、小论文、小报等；展示的途径也可以是多样的，可以通过学习网络交流群进行网上展示，也可以通过展板展示，在班级内交流展示等。通过展示交流，学生集思广益，进一步找出问题，对研究报告进行进一步的修订。
注意事项	1. 学生在此课程中的角色不同于传统课程中听讲者的角色，而是作为课程积极参与者，学生要更为积极主动地参与课程。 2. 学生要注重多种学习方法与学习资源的运用，要善于使用网络技术和网络资源。 3. 此课程的学习需要学生投入更多的时间和精力，浅尝辄止的学习可能不会有太大的收获。

第三节　开发教学指南

4C/ID-PBL 模式课程教学指南的开发是为了使指导教师能够更好地对学生课程学习进行指导。在 4C/ID-PBL 模式课程中，教师的角色与传统课程中教师的角色有很大的差别。教师不再是站在讲台上滔滔不绝的演讲者，而是引导学生自主探究问题的引导者。教学指南与学习指南在基本的框架格式上是相似的，只是教学指南是从教师教学指导的视角来看课程的实施。下面将结合课程各部分的教学策略，阐述课程学习过程中教师的教学指南。

“中学生历史思维能力培养”课程教学指南	
简介	本指南的开发是为了让教师更好地理解本课程的实施理念，理解本课程中教师角色与传统课程中教师角色的异同，帮助教师尽快适应在本课程中的教师角色，以更好地指导学生。 本课程是以整体任务为课程实施的主线，以问题为驱动的课程。通过整体任务的建构，让学生将零碎的知识串起来，构建课程的整体意义。另外，本课程以问题为驱动，培养学生主动提出问题、钻研问题，从而解决问题的学习能力。本课程通过问题式学习，提升学生的思维能力水平。因此，教师在指导学生课程学习之前，需要深入理解本课程的课程理念，并且对于课程实施的路径了然于胸。
明晰目标	本课程的目的是培养学生的历史思维能力。本课程以中国近代史有关历史内容为载体，引导学生学习历史意义、史料实证、延续与变迁、原因与结果、历史观念、伦理维度六大历史思维概念。本课程以整体任务为主线，以研究历史问题为驱动，培养学生的历史思维能力。 在明晰教学目标的这一课程环节中，教师需要先对六大历史思维概念进行深入分析，并结合学习资源中的有关内容，结合要求进行教授。在学生熟悉了六大历史思维概念之后，教师才能结合案例来引导学生对具体的历史问题展开深入的学习和研究。
形成问题	在形成问题这一环节，教师需要事先明确形成问题的规则。一般来说，教师应先让每一位学生根据要求，在中国近代史的范围内，结合六大历史思维概念探寻一个历史问题，找到一个深入学习和研究的主题。之后，教师再引导学生说出自己的研究主题，并在班内与有相近似主题或者研究兴趣点的学生组成学习小组。教师也可以结合学生的特点，对分组进行调配。小组分好之后，学生组内再进行讨论，进一步确认研究问题。
研究问题	指导教师可在合适的时候，进行研究方法的指导。小组内部进行交流的时候，指导教师与其他小组成员都可以旁听，并可以就有关问题进行提问，以便使问题研究更为深入、合理。因为学生在研究过程中遇到问题，不方便随时与教师沟通，因此，学生建立网络沟通渠道，在网上沟通群内对有关问题进行讨论，就很有必要。

续表

“中学生历史思维能力培养”课程教学指南	
完成报告	指导教师要在合适的时候进行研究报告撰写方法的指导。
汇报展示	在汇报展示的过程中，指导教师要对汇报展示的情况进行整体的把握，要组织好展示、问答等环节。通过多渠道进行展示的，指导教师要组织好展示的反馈，便于学生进行成果的修订与完善。
注意事项	1. 教师要做好充分的准备，转变好自身的角色。 2. 指导教师要在课程学习的每一个环节中，把握并控制好课程的节奏与方向。 3. 教师要注重多种课程资源的开发，并提供给学生。

第四节　开发评价工具

课程是否有效？学生学得怎么样？学生在 4C/ID-PBL 模式课程中有怎样的收获？回答以上问题就要求我们做好课程评价。在 4C/ID-PBL 模式课程中，我们认为应该更多地综合运用多种评价方法来全面评估学生的学习表现。

在大多数课堂上，评价主要是采取纸笔测试、撰写论文与研究报告等方式，主要是检测学生的学习掌握情况。在 4C/ID-PBL 模式课程中，评价过程与学习过程应该是浑然一体的，教师要在学生解决问题的每一个步骤观察学生的学习表现，并做出合理的判断，然后指导学生改进学习，提升能力。问题式学习的开创学校——加拿大麦克马斯特大学，在 1965 年筹划新的医学院时，就鉴于传统医学教育的种种弊病，决定要创新教育理念来办学，采用了问题式学习模式，同时也包括问题式学习的考评制度。他们强烈地意识到考试制度改革是教育改革的重要内容，因为考评的制度与方法决定教师与学生的态度与行为。4C/ID-PBL 模式课程拟通过采用多种评价方法来突破传统学习评估方法，从而建构起以学生为中心的评估方式。

1. 课程档案

课程评价的时候对课程实施过程中的文件资料进行回顾、审视是很有必要的。课程文件包括课程（教学）大纲、教案、课程记录、学习档案、会议记录等。课程档案回顾是对整个课程做一个全面综合的回顾与研究。这样的回顾与研究可以通过文件记录中的某些细节更好地理解课程。课程档案是对课程实施过程、学生学习轨迹的记录。考察课程档案，可以较为清晰地了解整个课程设计、开发、实施的总体情况。在4C/ID-PBL模式课程学习过程中，教师与学生要完整地完成课程档案记录。课程档案记录也是教师了解学生学习参与度等的重要参考资料。

2. 反思日志

课程档案是对课程实施过程的记录，这种记录中也可以包含教师与学生反思日志。反思日志是非常好的问题式学习课程评价方法。反思日志要求教师与学生在每个阶段性学习之后，把自己的教学与学习的体会与反思记录下来，对前一段时间的教学与学习情况做自我评价。反思日志往往能够较为深入地反映教师与学生的教学与学习心路历程，对于提升评价的有效性有积极作用。

3. 陈述

陈述包括个人陈述和小组陈述。个人陈述一般是指在自主学习的过程中，学生把研究的情况在小组汇总讨论的过程中陈述、报告。每个人把自己独立研究的内容在小组中陈述之后，小组成员就对整个研究的进展有了进一步的了解和把握。个人陈述评价方式的好处是可以很好地了解每一个学生的学习情况，而且对个体学生的评价相对来说更为公平。但是，这种评价方式的缺点就是比较耗费时间，如果每次课程的评价都用这样的方式的话，会花去大量的时间，因而会影响课程的整体效果。小组陈述通常是指小组共同上交一份研究报告、陈述，这样相对来说时间会更为紧凑，效率会高些，问题是小组共同提交的报告比较难体现个体在其中的作用，很难单独评价。另外，这种方式也比较难以体现学习过程性。

4. 小论文

小论文是整体任务问题式学习课程的重要成果形式之一，对该项成果的评估是整体任务问题式学习课程评估的重要方法。小论文的评价主要从小论文的基本要件、小论文的立论、论述结论是否可靠等方面进行全面考察。小论文一般由导师来评价，导师应在小论文撰写之前告知学生小论文的撰写基本要求，以及最后评价小论文的基本指标要素等。

5. 自我评估

自我评估是学生进一步了解自我学习情况，评估自我学习效果的方法，对于反思自我学习过程是有很大帮助的。在问题式学习课程实践中已经有部分研究对自我评估进行了设计，可以供我们参考。如表 4.1 所示，学生可以通过自己在课程学习过程中为推进课程所起到的作用，来对自身的课程学习进行简单的评价。这种评价方法相对来说比较简单，只能够了解一个概要。学生也可以通过评分的方式对自己课程学习情况进行评估，如表 4.2 所示。相比较而言，打分的方式更为细致一些。我们认为，自我评估方法只是整体任务问题式学习课程的一种评价方法，应该结合多种方法来对课程进行全面的评估。自我评估方法最大的问题就是评估容易受到个人主观倾向的影响，其客观性就会打折扣。

表 4.1 学生自我评价表一①

学生：　　　　班级：　　　　日期：			
活动	优	良	中
我提出了主意和事实			
我想到了一些学习课题			
我做研究时利用了多种资源			
我帮助同学更全面地思考问题			
我提供了新的信息			
我推进了小组的研究工作			

① 德莱尔. 问题导向学习在课堂教学中的运用 [M]. 方彤，译. 北京：中国轻工业出版社，2004：59.

表 4.2　学生自我评价表二[1]

评量项目	0.5	0.4	0.3	0.2	0.1
1. 我会将生活中的实例与所讨论的案例相结合					
2. 我会通过各种途径收集资料					
3. 我能判断数据的可靠性					
4. 我会分析各类数据，理解后用文字表达					
5. 我会将资料分析整理后，归纳出自己意见					
6. 遇到问题，我会不断分析，直到解决为止					
7. 我能与组员共同讨论，倾听别人意见					
8. 我能主动参与，并尽力完成所分配的工作					
9. 我会学习其他组员的长处（优点）					
10. 我能提出引发小组讨论的议题					
评量标准：每项最高 0.5 分，总分 5 分；请按实际情况，在合适的空格内打"√"。很好：0.5 分；好：0.4 分；普通：0.3 分；还可以：0.2 分；待改进：0.1 分。					

6. 同行评议

同行评议包括两个层面，第一个层面就是小组合作伙伴的小组互评。如表 4.3 是上海交通大学医学院八年制 PBL 学生评价表的小组成员互评表。在 4C/ID-PBL 模式课程学习中，小组成员了解彼此的学习情况，小组成员的互评能够较为全面、真实地反映小组成员的学习效果。另外一个层面是指外部同行进行评价。小组以外的同行成员，根据课程的情况描述、课程学习的成

---

① 黄钢，关超然．基于问题的学习（PBL）导论：医学教育中的问题发现、探讨、处理与解决［M］．北京：人民卫生出版社，2014：85.

果，对被评议者做出鉴定。内部同行评议和外部同行评议都各有利弊。内部同行评议其中的一个问题就是内部成员比较熟悉，评分可能会受到主观感受的影响。外部同行相比较而言要客观些，但是外部同行对课程学习情况不会有内部成员了解得那么透彻。

表 4.3　PBL 小组成员互评表①

组别：			主题：		日期：	
学生姓名	所提议题具有创意	耐心聆听组员发言	发言时陈述有条理	提供的材料正确有依据	整体而言，主动参与有贡献	得分
评量标准：每项最高 5 分，总分 25 分；请按实际情况，在每个空格内打分。 很好：5 分；好：4 分；普通：3 分；还可以：2 分；待改进：1 分。						

7. 问卷、调查、问题清单评价法

问卷、调查和问题清单评价法等方法一般用来进行信息的收集，这些方法在收集信息方面具有很大的优势，并且在后期处理数据的时候也很方便。运用网络来进行问卷、调查等信息的收集，很便捷，后期处理也很方便。问卷调查一般都是匿名的，得来的信息比较可靠。当然，在问卷中需要注意样本的选取，一般来说，样本的选取要具有代表性。

8. 访谈法

访谈是课程评价的重要方法。通过问卷调查可以了解课程实施的概要性的信息，访谈法能够更深入地了解课程参与者的内心想法。在课程评价过程中，我们可以访谈课程设计者、课程实施者、学生以及课程观察者等。不同角色对课程的看法可能会有偏差，但通过访谈多样的角色人员，能够更为深

---

① 黄钢，关超然．基于问题的学习（PBL）导论：医学教育中的问题发现、探讨、处理与解决［M］．北京：人民卫生出版社，2014：84.

入地、全面地了解课程的情况，课程评价者可以根据这些信息综合做出判断。

9. 课程观察法

在课程评价过程中，我们认为课程观察是最为直观的课程评价方法。一般来说，持续的、完整的课程观察能够直观地把握课程的整体情况，为课程评价奠定了很好的基础。当然，课程观察也要讲究方法，课程观察时观察什么，如何进行分析等需要进一步细化和深入研究。在4C/ID-PBL模式课程中，课程观察首先要看课程是否符合4C/ID-PBL模式课程的基本价值观念，另外，要观察课程中学生的表现，观察学生是否达到了课程目标所要求的课堂表现。课程观察存在的问题就是当课程实施过程中，有观察者在进行记录的时候，会使得课程实施者、参与者包括学生都受到一定的影响，从而影响其在课程中的真实表达。

10. 案例研究法

案例研究是课程评价中最能体现综合评价的方法。案例研究要求对整个课程案例做深入细致的剖析，通过案例的剖析，让课程评价者全面了解课程情况。案例研究实施的过程中，通常需要综合运用上述的一种或者多种课程评价方法，通过综合的方法进行细致的研究，能准确地把握课程的方方面面。

第五章　课程实施过程

技术性阵营的人认为，成功的课程实施不仅要有良好的课程设计，还要有精确的实施步骤。非技术性的和后现代主义阵营的人认为课程实施是变化不定和难以预料的①。不论是技术性阵营还是非技术性阵营都认为课程的实施是一个充满创新的过程，需要课程实施的参与者发挥出创造力。

“中学生历史思维能力培养”校本课程在杭州某学校高中学生中进行了三个学期的课程实践研究。从2016年开始，我们同时在构建4C/ID-PBL课程开发模型，通过一学期的课程实践之后，完成了课程开发模型的初步建构。在2016年第二学期中，我们结合第一学期实践研究中的问题，进一步对该课程模型进行了结构性的调整，对课程实施方案细节进行了完善。在2017学年，我们运用修订后的教案，进行了第三学期的课程实践研究。相比较而言，第三学期的课程实践中，课程开发模型与教学内容之间衔接得更好，学生能够更为深入地进入课程情境。前后三次的校本课程实践研究过程，是一个在课程设计与开发理论上不断完善的过程；还是课程实践不断随之调整和更新，并结合课程实践研究中的问题，再回头对课程理论框架进行修正的过程。

本章对以4C/ID-PBL课程设计开发模式为理论和实践基础开发出来的校本课程“中学生历史思维能力培养”的具体实施情况进行阐述、分析和说明，分析具体的学科知识内容与课程开发模型之间的融合情况，并结合教师、学

① 艾伦·C. 奥恩斯坦，费朗西·P. 汉金斯. 课程：基础、原理和问题［M］. 柯森，译. 第3版. 南京：江苏教育出版社，2002：310.

生在具体实施过程中的反应，进一步深入分析该课程模式在实施过程中的合理性与有效性。

第一节　课程实施准备

在课程正式实施之前，我们需要准备好课程实施的基本软硬件设施。这里所说的课程实施条件是指在4C/ID-PBL模式课程实施过程中所需要的客观条件。4C/ID-PBL模式课程倡导学生自主学习、小组合作学习等模式，因此，相应的配套硬件环境也需要跟进，为课程的具体实施提供硬件支持。信息化时代，为了让课程实施更加高效，教师可以借助现代网络计算机技术。所以，在课程实施的准备阶段教师也应根据需要准备相应的设施设备。

教学空间条件的布置与安排是课程实施的基础硬件。一般来说，因为4C/ID-PBL模式课程实施过程中学生数量较少，以8～10名学生为宜，这就要求与之相配套的教学空间，因此教室一般以20平方米左右为宜。教室空间太大，太空旷，不利于讨论的实施。为了讨论方便，教室桌椅最好是活动桌椅，并以固定的圆形、马蹄形等便于讨论交流的样式摆放，教室应配备电脑、投影仪等便于展示的电子设备。

在课程实施过程中，我们准备了一间多媒体教室（如图5.1），该教室符合我们对于课程实施的需要。课桌椅可以移动，便于学生根据课程需要调整座位。另外，教室还有电脑、投影仪等多媒体设备。

图5.1　教学空间条件与设施设备

4C/ID-PBL模式课程很多时候需要学生自主阅读、收集资料，因此我们在学习空间设计的时候，安排好有线与无线网络接口，配备电脑，或者让学生自带电脑，便于在教学过程中随时查找电脑存储的资源或者是网络资源。

4C/ID-PBL 模式课程设计过程中，设计者也可以开展网络课程开发。在课程设计的过程中开发网络资源，可以开发网页、网站，形成共同的公共学习网络空间；也可以通过其他计算机软件建立起支持、辅助课程实施的方式与渠道；还可以通过 QQ、微信等网络聊天工具建立群组，在群里进行讨论，群成员发布自己的学习情况。

在本课程的实施准备过程中，我们组建了校本课程学习 QQ 群。通过 QQ 群，一方面教师可以及时地发布、推送、保存有关信息，学生有任何问题也可以及时与同学、指导教师交流、沟通，指导教师可以对学习中的有关问题进行及时指导与反馈。另外，更为重要的是 QQ 群是一个学习讨论的网络空间，可以不受时间和空间的限制。对于课程学习中的问题，学生可以进行即时的讨论、沟通，也可以约定专门的时间就专门的学习问题开展网络讨论、召开网络讨论会议。在本课程中，作业的上交等都是通过 QQ 群实现的。这样，学生将自己的学习成果在群中公开，便于大家共同学习。指导教师也会及时推送一些对课程学习有意义的文章、多媒体学习资源等，进一步促进学生的学习（有关案例如图 5.2 所示）。

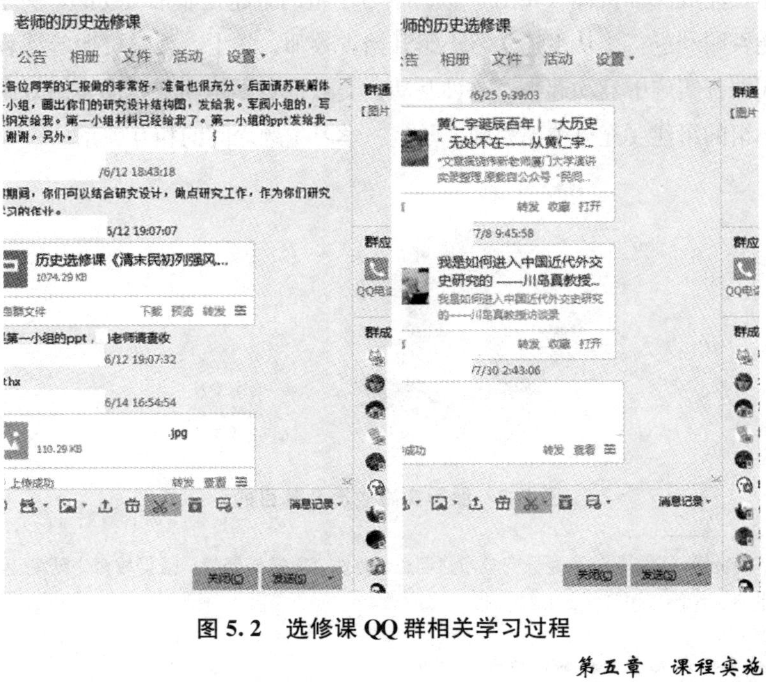

图 5.2　选修课 QQ 群相关学习过程

在课程准备过程中，我们向学校申请了一间20平方米左右的教室，教室内配备了投影仪、电脑等设备，教室内摆放了15套左右可以移动的桌椅，另外，网络部门开通了教室的网络无线端口，学生上课时，自带智能手机或笔记本电脑。以上准备活动完成后，课程实施的基本硬件条件就具备了。

课程实施的准备工作主要是指在课程实施开始之前的一些具体准备工作，比如教室安排等。虽然我们在研究的过程中，尽可能地做了较为充分的准备，但是距离我们的理想还有一定的差距。我们认为，根据课程的需要进行专业教室的建设是很有必要的。校本课程专业教室的建设也需要仔细地规划，既要能够满足课程实施的需要，也要考虑到专业教室的多种功能，从而避免资源的浪费。我们在实践过程中发现，对于人文类校本课程来说，配备一定的图书资源和网络资源是非常必要的。

第二节　组建学习小组

组建学习小组是课程正式实施的第一步。我们在4C/ID-PBL模式课程实施过程中，主要是在指导教师的指导下，学生通过自主学习、加强团队的沟通与合作，完成课程目标（如图5.3）。学习小组的组建是非常重要的，关乎课程实施能否顺利进行。从组建学习小组开始，教师、学生、教学资源等课程要素开始在课程实施中互动起来，这种互动、交融将会影响到课程的实施效果。因此，小组的组建要充分考虑教师、学生、学习主题之间的相互关系。

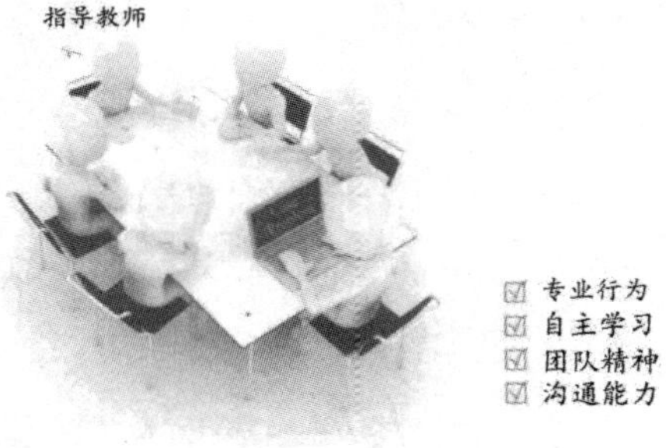

图5.3　课程实施成员及其目的①

① 关超然，李孟智．问题导向学习之理念、方法、实务与经验：医护教育之新潮流［M］．北京：北京大学医学出版社，2015：32.

在课程学习过程中，要首先对学生进行角色的定位与区分。对于全体学生而言，每位学生都应该积极、负责，能够积极地参与到课程中去，能够负责任地参与课程的每一个实施环节。学生中要有一位小组长，小组长可以轮流担任。小组长的职责就是管理整个学习团队，管理好整个课程的推进进度，并对课程推进情况进行总体的协调。除了小组长之外，小组还需要一位记录者。小组记录者可以自愿担当或者是轮流担当。课程学习小组中的成员需要全程参与，因为4C/ID-PBL模式课程不是一个零散的课程，是整体规划的课程，课程意义在于课程的整体，各个课程部分都是基于整体才能产生完整的意义。如果学生不能够全程参与，那么学生也无法构建出课程学习的整体意义。另外，学习小组成员还应该积极开展自主学习。在4C/ID-PBL模式课程学习过程中，教师会要求学生主动地收集数据、资料等，并且对问题进行深入思考。还有需要注意的是，学生要学会分享自己的学习心得，并且能够批判性地审视自己以及小组其他成员的意见。

在“中学生历史思维能力培养”校本课程中，我们参照4C/ID-PBL模式课程的要求，组成了学习小组。教师将开设校本选修课程“中学生历史思维能力培养”的课程简介告知学生，让学生填写申请表。关于申请这一点，我们认为是很重要的。选修课程使得学生具有课程的选择权利，让学生提交申请的方式是合理的。需要注意的是，我们认为只有小规模的选修课程才比较适合通过申请、筛选的方法来组建学习小组。在这个阶段，有学生会进一步咨询该课程的具体意义。为了让学生能够提前明白“历史思维能力”培养的意义，教师可以结合学生比较熟悉的研究性学习进行解释，即通过历史研究性学习来推进历史思维能力的培养，或者说是通过实施“中学生历史思维能力培养”的课程来提高学生的历史研究性学习的水平和能力。在学习成员筛选的过程中，我们注重学生的基本历史知识掌握水平和思维水平，但我们更重视学生是否有意愿对历史进行深入的学习和对历史研究是否有浓厚的兴趣。因为历史思维能力的培养就是要进一步加深学生对历史的深度思考与探索，如果没有较为浓厚的兴趣，学生是很难学有成效的。

确定好学生之后，就需要进行分组。在课程实施的初期，学生一起听课，集体讨论，此时还没有进行分组。在课程介绍和学习方法指导等内容基本完成之后，就到了正式组建学习小组的环节了。通常我们会在导论性课程完成之后，让学生进行讨论和课后交流，逐步形成自己的学习、研究兴趣与主题。这样具有同样研究兴趣的学生就自然形成了学习小组。当然，在实践的过程中，我们会发现有的主题许多学生都比较感兴趣，有的主题可能就极少数学生感兴趣，这给分组带来了难度。我们在实践的过程中是这样操作的：在进行讨论之前会要求学生大概几人一组，然后共同讨论确定主题。在进行具体的分组讨论之前，我们会要求每位学生谈谈自己的研究兴趣和学习主题，这样全体学生都概要性地彼此了解了大家的学习主题，然后在此基础上，让学生去找到自己的研究同伴，完成学习小组的组建任务。

在本课程的实施过程中，我们是按照六大历史思维概念的主题来进行分组的。学生根据前几次课的学习，了解了自己的学习主要兴趣点之后，再进行小组的分组。按照六大历史思维概念，学生分成六组。每个小组主要负责一个主题，按照主题的要求进行学习。当然，需要注意的是，这种分组并不是说六大历史思维概念本身是割裂的，相反，六大历史思维概念是相互交织的。多数情况下，学生在进行历史学习或者研究的时候，会涉及多个甚至是全部六个历史思维概念。基本分组完成之后，小组内部要进行分工。内部分工可以由小组内部协商确定，一般来说小组长最好是由小组成员自荐、推荐和指导教师推荐等方式综合确定。小组长是一个学习小组的核心人物，他需要起到引领团队的作用，所以小组长的选定是非常重要的。我们觉得小组长需要具有责任性、耐心和领导力。小组中还需要一位学习记录者，学习记录者需要较为详细地记录下学习的整个过程，特别是大家讨论的核心观点，便于能够准确地呈现大家的观点，也便于在课后再进行总结、反思。在我们的课程实施过程中，学习记录者记录下小组讨论的核心内容，在一次课结束后，对记录内容进行整理，并上传到学习小组的学习网络空间，便于小组成员再次讨论学习。在讨论的过程中，要注重小组讨论时的任务分配，教师参照单元学习目标任务分配表（见表5.1）来指导小组讨论。

表 5.1　单元学习目标与任务分配表①

单元主题名称			主题内容	
单元活动时间			讨论时间	
任课老师			讨论地点	
小组成员			会议记录	
	问题点	分析与假设	学习目标	负责同学
分工合作任务分配				

黄钢等指出，小组讨论有基本的规则，在小组讨论的过程中，各成员要有专业的行为，要彼此尊重，要讲求沟通技巧，还要相互支持，对学习要有责任感，在小组讨论中，也要强调自我导向和自我评估②。因此，在 4C/ID-PBL 模式课程小组讨论中，教师要引导学生注意基本的规范性要求，虽然在不同的学习领域，小组讨论可能有差异，但是讨论都要符合 4C/ID-PBL 模式课程的基本规范性要求，都要体现课程的核心理念。

在组建学习小组的过程中，我们发现最大的问题是在分组方面可能存在的变动问题。刚开始的时候，学生基于各自的学习兴趣进行分组，但是随着学习的深入，就会出现有些学生的学习兴趣发生变化，或者组员之间会产生意见分歧导致学习小组出现矛盾。这个时候，教师就要介入进行沟通说明，或者是调整。一般来说，在学习的过程中进行小组成员调整是比较难的事情。因此，学习小组组建的过程要非常仔细，在意见比较一致的时候，再进行分组，不要仓促间用简单的方法确定分组。

---

① 洪荣昭，林展立. 问题导向学习课程发展理论与实务［M］. 台北：师大书苑有限公司，2006：245.

② 黄钢，关超然. 基于问题的学习（PBL）导论：医学教育中的问题发现、探讨、处理与解决［M］. 北京：人民卫生出版社，2014：70.

第三节　教师指导学习

在4C/ID-PBL模式课程中，教师的角色发生了变化，与传统课程相比，其职责身份发生了改变，教师不再是传统意义上的以教授知识为主的角色。在4C/ID-PBL模式课程中，教师更多地是承担指导者的角色，也可以称为导师。导师的主要任务就是优化课程学习过程，这就要求导师在课程中扮演榜样、挑战者、顾问、专家以及课程活动的参与者。导师应该了解4C/ID-PBL模式课程的基本原理和操作指南，了解课程各相关部分的学习目标，还要掌握课程评价的基本原则和方法，并了解如何促进小组成员问题解决的能力和技巧的提升，当然了解各种学习资源以及掌握解决冲突和促进沟通的技巧也是其必备的能力①。

导师要能够激发学生主动地学习。为了激发学生的学习积极性，导师要具备一定的能力，比如提问的能力，通过问题来激发学生的主动学习。导师还应该具备妥善处理学生在学习过程中产生的问题的能力。需要指出的是，这并不是说导师能够回答学生在学习过程中所遇到的所有问题，遇到问题正是激发学生进一步深入学习的契机，这个时候导师要能够适时地给予指导，让学生看到解决问题的希望，并且采用适当的方法最终解决问题。另外，导师还应该具备对课程过程的把控能力，4C/ID-PBL模式课程以学生为中心，这样就会出现学生在课程学习过程中有很多意想不到的新情况，有很多生成性的内容，在这样的情况下，导师就要具有把控全局的能力，遇到问题及时调控，让学生行进在课程的“跑道”上。

在4C/ID-PBL模式课程学习过程中，有时候会出现很难推进下去的情况，而这种情况通常都是因为小组合作学习出现了问题。在4C/ID-PBL模式课程学习过程中，导师指导小组高效开展合作学习是非常关键和非常重要的。导师要向学生明确如何在课程中学会与人合作，并且教会学生在合作的过程中进行反思。导师能够在课程学习过程中与学生之间建立真实、良好的关系是很重要的。导师与学生建立较好的关系之后，学生对课程会保持一种

---

① 黄钢，关超然．基于问题的学习（PBL）导论：医学教育中的问题发现、探讨、处理与解决［M］．北京：人民卫生出版社，2014：67.

开放的心态，这对课程学习本身是有促进作用的。

导师还应该具有指导学生自主学习的能力。在课程学习过程中，经常会出现这样的情况：导师对讨论的任务布置太过具体，比如要求学生阅读哪些文献，具体重点阅读哪些内容，这样就会导致所有学生的问题关注点都是一样的。在这样的情况下，学生在进行讨论的时候观点来源一致，所以基本观点也就一致，就会导致讨论很快就结束了，而 4C/ID-PBL 模式的内涵就不能够得到很好的落实。很明显，导师给学生的自由度太少，没有让学生自主地收集信息，也就很难有效促进教学进程的进一步深入推进。自主学习是 4C/ID-PBL 模式课程中必不可少的内容，可以说 4C/ID-PBL 模式课程的目的就是让学生通过自主学习并解决问题的过程，掌握解决问题的方法路径，最终能够自主独立地完成整个学习的过程。导师应该想办法促进学生自主学习，给予学生足够的自由度去自主推进学习的进程。导师应该逐步地增加自主学习的难度，也就是"先扶后放，扶放有度"① ——刚开始的时候，导师给予学生更多的扶持与支持，然后逐步地放手，最终让学生自主完成学习。

在实施 4C/ID-PBL 模式课程过程中，我们重点关注了导师如何刺激、激励学生参与到课程中。在讨论的时候，导师更多是作为课程观察者，通过观察了解学生的参与情况。在实施的过程中，导师会发现有的学生参与讨论不积极，或者是没有多少机会发言。针对这样的情况，我们一方面直接引导学生参与到课堂讨论中来，比如在其他学生发言之后，导师及时提醒还没有发言参与的学生来谈谈看法；另外一方面就是要及时和学生沟通，了解学生没有积极参与课堂讨论的原因，是学生没有做充分的准备，还是学生对该讨论的内容没有兴趣抑或是学生个性使然，不太愿意讨论。导师弄清楚了原因之后，再根据一定的方法引导学生进一步地参与，进而提高课堂的有效性。

4C/ID-PBL 模式课程中的教师不同于传统的课堂教师，他更多地承担了指导、引导的责任，这实际上给教师带来了新的挑战，需要教师在理解 4C/ID-PBL 模式课程理念的基础上，按照这样的理念和模式去推进、实施。推

---

① 徐佳燕，盛群力．扶放有度，教学有序：一种支架式教学及其实施框架［J］．数字教育，2016（1）：86-92.

进4C/ID-PBL模式课程也需要对导师进行培训。培训应按照一定的步骤逐步推进。首先是初级阶段，培训导师了解4C/ID-PBL模式课程的基本理念、方法与流程。其次，第二个阶段要求导师能够熟悉4C/ID-PBL模式课程讨论过程中的问题以及了解如何排除问题。第三个阶段可以让导师一起来讨论课程的教案，并对教案进行优化。第四个阶段培训导师如何进行4C/ID-PBL模式课程评价，并讨论4C/ID-PBL模式的优劣以及未来方向。

在“中学生历史思维能力培养”校本选修课程具体的实施过程中，教师应转变角色。由于在平时必修课中，教师是以讲授为主的教学方式，那么在校本课程实施过程中，转变为4C/ID-PBL模式课程的教学方式，教师是否能够很好地适应，是课程目标能否达成的关键。需要注意的是，4C/ID-PBL模式课程并未削弱教师在课程中的影响力与对课程的把控力度，4C/ID-PBL模式不是把课程完全交给学生，而是要把以学生为主体的理念贯穿于课程实施的始终。由于学生习惯了传统课程中以听为主的课堂学习方式，因此对于新的以问题式为基础的课程学习方式，学生在一开始的时候会存在一定的不适应。因此，教师在这一过程中要给予学生足够的关注，并且找出办法，解决这一问题。上一节阐述了在实施过程中是如何进行小组学习的分组的，实际上，在分组过程中，教师的作用也是非常重要的。因此，教师在课程实施过程中，要做好小组合作学习分组的指导。

教师指导学习时，需要向学生明确课程的目标任务。在具体的课程任务开始之前，学生需要明确在该课程中，自己的角色、任务等。通过前期的组建学习小组，学生对宏观的课程要求有了一定的了解，在这之后，学生就需要结合具体的学习主题，进一步明确具体的学习任务。在课程设计的学习任务建构中，课程设计者已经对课程任务进行了设计。该课程是以培养历史思维能力为主要学习目标，以进行具体的历史问题的探究为主要方法，结合六大历史思维概念，探究具体的历史问题。通过对具体问题的探究，学生进一步发展历史思维能力。

在4C/ID-PBL模式课程中，问题创设非常重要，这能使问题联系学生的兴趣，从而使得课程充满吸引力。教师通过问题创设，激发学生的学习热情，让学生能够浸入课程，让学生能够有更大的收获。在教师的指导下，学生提出关于学习主题的问题结构。对研究主题有了初步的思考之后，学生就需要设立一个分析框架，在此基础上逐步展开具体的学习与研究。学生需要把分析框架记录下来并在课堂上展示。一般来说有两种展示方法：一种方法是实物展示，通过白板、黑板或者是张贴大的纸张来进行记录展示；另外一种是通过电脑记录，再通过投影仪直接投射出来。我们采用了第二种方法，我们认为通过这种方法可以更为方便地将资料保存下来，便于课程的反思。设立的分析框架我们可以借助下面的表格（表 5.2）进行。

表 5.2　问题式学习课程分析框架表一①

标题：			
主意	我们知道什么	我们还需要知道什么	我们如何收集资料、查找文献

在这个分析框架中，“主意”是指学生提出的解决问题的各种主意，这些主意有时候可能还是很不成熟的，有些也许还只是奇思妙想，但是这些主意为学习的深入下去提供了很好的思考切入点。当然，这样的主意可以很多，需要展示出来与同学们一起分析，看看是不是好的主意。第二列是“我们知道什么”，对应的第一列中的“主意”，我们已经知道了些什么。在这一栏中，小组成员将自己掌握的知识展示出来，小组成员就大概了解了大家当前对该问题的思考水平。第三列是指出要解决这个问题，还需要哪些资料。第四列就是为了收集这些资料要怎样行动。搭建分析框架为进一步的学习铺平了道路，可以逐步去引导学生分析和解决问题。

学生通过思考、讨论完成课程分析框架中需要填入的内容（见表 5.3）。同时，学生也要了解、熟练掌握收集资料、查找文献的方法。随后，学生利用图书馆或者网上资料进行自主学习、自主探究。在这个过程中，导师可以运用网络与学生进行及时的沟通，通过群邮件、群聊天的方式提醒学生学习、研究的进度，及时了解研究情况并纠正一些错误。当然，在此时，导师要注意指导的度的问题，根据“扶放有度”的原理，导师在提供一定的支持、指导的同时，也要逐步地开始“放”，在具体的研究上，要放手让学生去进行。

---

① 德莱尔. 问题导向学习在课堂教学中的运用［M］. 方彤，译. 北京：中国轻工业出版社，2004：92.

表 5.3 问题式学习课程分析框架表二

标题：历史意义的建构——以中国近代化为例			
主意	我们知道什么	我们还需要知道什么	我们如何收集资料、查找文献
查找相关资料； 到博物馆参观； 小组开展讨论。	了解中国近代化过程中发生了哪些历史事件，理解中国近代化的过程。	中国近代化的历程； 中国近代化的意义； 哪些事件促进了中国的近代化。	到图书馆借阅有关书籍； 在网络上查找有关资源； 到博物馆收集有关资料。

学生完成自己的初步研究之后，需要进行研究的汇报与讨论。这个过程中，学生需要结合前阶段的分析框架，来看看前面提出的主意是不是好的研究主意，经过初探问题之后，研究是否取得了进展。在初次研究的过程中，难免有些比较肤浅的、不太站得住脚的研究结论。因此小组需要进行讨论、分析，然后再探究问题。

在指导学生的时候，导师还需要告知学生注意收集的历史资料是否可靠。史学大家傅斯年说，历史讲究要“上穷碧落下黄泉，动手动脚找东西”，讲求“一分材料出一分货，十分材料出十分货，没有材料便不出货”①。因此，再探问题的时候学生一定要对所收集、掌握的资料进行讨论甄别，否则结论站不住脚，最终前功尽弃。实际上，这也是培养学生历史思维能力中的“史料实证”思维能力的重要步骤。再探问题时，学生除了要对史料进行甄别，还需要对初步研究进行讨论。在前期的独立研究中，学生各自根据自己的研究兴趣和前期的分工来展开。在讨论中，学生要把自己前期研究的进展在小组中进行汇报、展示，导师和其他学生还可以针对其中的疑惑进行质疑，学生也可以进行辩驳。这个过程是小组合作学习贯彻落实的过程，也是培养学生批判性思维的重要过程。通过小组讨论、交流，学生对于进一步的学习、研究有了更为清晰的思路。

教师的指导最为重要的是把握指导的时机和程度。4C/ID-PBL 模式课程

① 傅斯年．历史语言研究所工作之旨趣［C］// 历史语言研究所集刊：第一本第一分册．北京：商务印书馆，1928：8.

是以学生为中心的课程。在实施的过程中，我们发现可能存在两个方面的问题，一方面是学生走得太远。学生的自主性得到了充分的发挥，所以导致部分学生的学习太偏离学习主题，虽然这可能也会带来意外的学习收获，但是我们依然认为，一定程度的课程学习聚焦还是很有必要的。另外一方面就是有的学生还没有很好地领会4C/ID-PBL模式课程的理念，在学习的过程中，一些学生还是以传统课程的方式进行学习，等着教师去帮助。我们认为在后续的研究过程中，要开发更为详细的课程学习指南，让学生在开始学习之前更好地领悟课程学习的理念。

教师对课程学习的指导实际上贯穿课程学习的始终，教师指导课程学习的主要目的是通过教师的指导，让课程开发、学生、教学环境之间建立联系，让课程在教师的引导下，逐步深入推进。后续的研究，还会继续探讨教师在课程实施中的作用与意义。

第四节　小组合作学习

经过前期的课程实施准备、组建学习小组以及教师指导之后，就进入了课程实施的核心环节——小组合作学习。小组合作学习是4C/ID-PBL模式课程学习的重要环节，可以说是决定4C/ID-PBL模式课程学习效果的重要步骤。小组合作学习的实施过程中，也要注意，防止出现无效的伪合作学习，那种看起来很热闹，实际上没有效果的假合作，是在实施过程中要予以重点防范的。该课程的实施需要多次的小组合作学习。本节将结合具体的案例来进行小组合作学习的实施过程分析。

在小组分组和教师指导之后，小组应确定学习主题。在学习主题确定的过程中，小组要进行合作学习。每个小组成员对具体的历史问题的理解是有很大差别的，在这种差别中要达成共识，选择共同感兴趣的话题进行学习与研究，这就需要小组合作讨论。教师指导之后，就会要求学生根据教师的要求去阅读文献资料，从中发现问题，找出自己感兴趣的学习主题。很显然，不同的学生选择的主题是不一样的，但是在学习的过程中，为了让学生能够更聚焦学习，不至于学习主题太过于分散，无法产生集中合作学习的机会，因此每个小组要就集中的某个主题展开深入研究。

在该课程实施中，我们把中国近代史限定为研究范围，要求学生通过阅读有关中国近代史的文献，以“哪些因素促使了中国的近代化”这一问题为切入点去收集资料，确定研究的主题。学生在确定学习主题的过程中，提出了很多的想法。有学生试图从“中国近代的土地制度”入手，来探讨中国近代化的原因。有的学生尝试以中国近代以来的重大政治事件为线索，分析中国的近代化。有的学生以近代人们生活的变迁与科技的发展为线索来探讨中国的近代化。也有的学生以辛亥革命为主要支点，结合辛亥革命涉及的方方面面的内容，来分析中国的近代化。在小组讨论中，小组的成员展开讨论，并提出自己的观点来证明自己的研究主题更有学习、研究的意义（小组讨论场景如图 5.4 所示）。这一过程可能是充满激烈争论的过程。这时，教师要进行指导、协调。在特殊的情况下，教师也可以让小组调整、更换小组成员。经过讨论之后，若无法达成一致，教师可以让研究主题相近的学生组成小组。这次讨论可以说是学生的首次观点交锋。在这一个过程中，教师要提醒小组成员做好记录。通过第一次小组合作学习，各小组确定了自己的学习研究主题。确定好主题之后，指导教师将具体详细地讲授自主学习、探究的方法，学生了解学习方法之后，就结合自己小组的主题，展开自主学习。

图 5.4　课程学习过程中的小组讨论

在自主学习之后，学生将展开第二次小组合作学习。在第二次小组合作学习中，学生汇报各自的学习情况，针对学习主题，进行了怎样的学习。其中的一个学习小组以“历史意义”为主题进行了学习的小组汇报和讨论。

小组合作学习是本课程学习的核心步骤之一。对于人文类课程学习来说，小组合作学习的高效开展，是课程目标达成的重要影响因素。我们在实施的过程中发现，小组合作学习最好是和网络学习结合起来，这样便于学习的时候高效地沟通。比如学生对某一个历史问题产生了争议，需要通过网络及时查找信息，然后再有针对性地展开讨论。另外，我们认为导师要加强对线上合作学习的指导。虽然我们也建立了网上小组合作学习的机制，但是由于网上学习的不固定性，有时候各小组之间存在较大差别，因此要加强指导。另外，小组合作学习的关键不是在于形式，而是在于小组成员之间是否真正地开展了头脑风暴，是否真正有思维上的碰撞。所以，在实施小组合作学习的过程中，导师要把握住小组合作学习的本质，不要以为表面上热热闹闹的讨论就一定是有效的小组合作学习。

第五节　学生自主学习

历史学科校本课程的开设符合当前校本课程开设的大趋势，其更为主要的意义在于能够对当前学科教学中的必修课程形成有益的补充，相辅相成。在传统的历史课程中，由于学生没有能够进入具体的历史学习情境，有些学生会觉得这并不是自己的历史，而4C/ID-PBL模式课程则能避免这个问题。4C/ID-PBL模式课程提供的学习方式，能使学生将自己的知识和兴趣与正在学习的学校课程内容水乳交融般地结合在一起[①]。在当前传统的历史课堂上，受制于传统评价体系以及教材体系的束缚，常常也会有学生提出一些质疑，认为教材上的结论缺乏适当的论述。另外，传统课堂教学比较局限于碎片化的知识点，缺乏对整体历史问题的思考。因此，基于整体任务问题式学习的历史校本课程，能够在这个方面做出一定的探索，通过对某个历史问题进行深入探究，推动历史学习走向深入。推动历史课程走向深入的重要途径就是通过学生自主学习来建构对历史的理解。只有让学生能够结合自己的学习兴趣开展学习，才能激发学生自身对历史的认知，通过这种认知的建构，让学生更为深入地理解历史本身的旨趣。

我们以其中一个小组的主题“分析历史意义”的自主学习过程来探讨4C/ID-PBL模式课程中应该如何进行自主学习。历史意义是六大历史思维概

---

① 德莱尔. 问题导向学习在课堂教学中的运用［M］. 方彤，译. 北京：中国轻工业出版社，2004：88.

念的第一个概念。在对历史意义进行学习的过程中，学生首先要了解哪些历史是具有意义的，了解历史意义的由来。在学生自主学习开展之前，教师先对学习进行了指导，提出了要求，学生按照教师的要求，自主学习、小组合作，绘制分析历史意义的草图。

彼得·塞沙斯和汤姆·莫顿在《六大历史思维概念》一书中阐述历史意义的时候，提出了一系列的问题①。他们指出，在无数发生在过去的历史事件以及众多的历史人物中，我们要决定哪些人和事是我们的学生该进行学习的。同样，历史学家要决定哪些事应该来进行研究和写作。这两个问题就会衍生出其他问题，即发生在过去，甚至是几千年之前的事情，如何具有历史意义，具有怎样的历史意义。基于这样的疑问，塞沙斯和莫顿针对如何决定应该学习过去的哪些历史提出了他们的看法。他们指出了四个核心观点②。他们认为，历史事件、人物或者历史的发展引发了社会的变迁，那么它们具有历史意义，即它们对多数人或者是长时段历史具有深远的影响。如果历史事件、人物或者历史的发展揭示了历史的真相等，那么它们具有历史意义，即它们点亮、启发了历史或者现实的问题。另外，他们还指出，历史意义是被建构的。历史事件、人物或者历史的发展之所有具有历史意义，是因为它们符合了历史意义的标准，然后占据了一个在历史叙述中的位置。最后，他们还认为历史意义本身是会随着时间或者群体的变化而变化的。塞沙斯和莫顿构建了对历史意义进行分析的基本框架（见图5.5）。

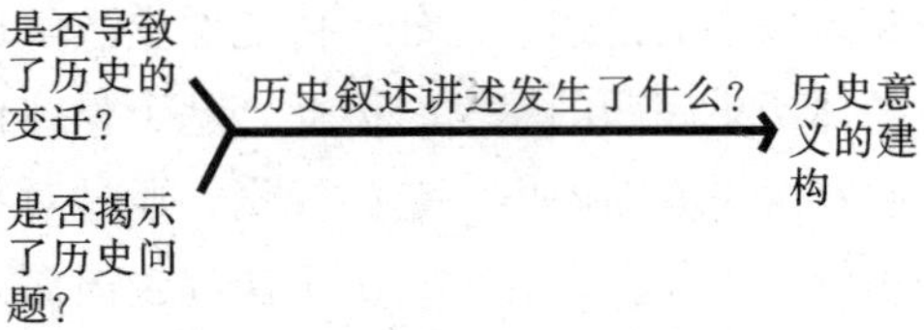

图5.5　历史意义的建构③

① SEIXAS D P，MORTON T. The Big Six：Historical Thinking Concepts［M］. Toronto：Nelson Education，2013：14.

② SEIXAS D P，MORTON T. The Big Six：Historical Thinking Concepts［M］. Toronto：Nelson Education，2013：12.

③ SEIXAS D P，MORTON T. The Big Six：Historical Thinking Concepts［M］. Toronto：Nelson Education，2013：21.

在课程实施过程中，我们借助于这一分析框架，让学生去分析历史事件或人物的历史意义。基于此，我们让学生在中国近代史的时间范围内去进行思考：中国近代史上的历史事件或者历史人物，对中国近代化的发展具有历史意义的有哪些？为什么？结合问题，要求学生完成绘制历史意义草图，草图中把中国近代史中对中国近代化发展最具有历史意义的事件、人物绘制出来，最好是能够表述出它们之间的关系。学生通过自主学习，小组交流，完成了历史意义草图的绘制，其中一组绘制如图 5.6。

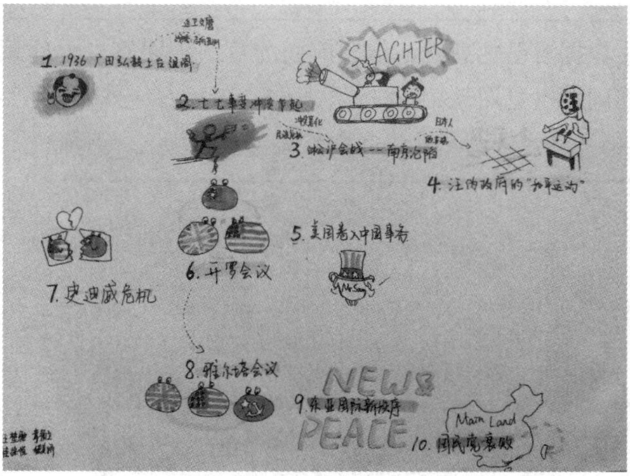

图 5.6 历史意义草图（学生作业）

当学生完成草图的绘制之后，要求学生再对草图进行分析。如何对草图进行分析呢？塞沙斯和莫顿设计了一个分析的问题表（见表 5.4）。

表 5.4 分析历史意义草图问题表①

姓名 ____________________ 日期____________________
回答下列问题，帮助你确定决定哪些历史事件或人物最具有历史意义的标准。 1. 你的草图是否涉及了著名的事件和有权势的重要人物？或者你的草稿是否涉及大多数人的普通生活？ 2. 你的草图是否涉及了民族或者国家？ 3. 你的草图是否与一些当地的、民族的、国家的、世界的问题有联系？

① SEIXAS D P, MORTON T. The Big Six: Historical Thinking Concepts [M]. Toronto: Nelson Education, 2013: 236.

4. 你的选择是否与巨大历史性的变化有关？
5. 你选择的事件或人物是否改变了人们的生活？
6. 如果把你放入自己画的草图中，你会如何定位自己与其他元素的关系？为什么这么定位？
7. 你的草图是否讲述了一个故事？如果是的话，这个故事传达了怎样的信息？
8. 考虑到前 7 题的回答，你在选取历史事件、人物放入你的草图中时是怎样的标准或理由？

每位学生根据自己的理解，结合前面的草图来回答以上问题，完成分析历史意义草图问题（见图 5.7）。

1.1 分析历史意义草图

姓名：＿＿＿＿＿＿ 日期：2018.1.9

回答下列问题，帮助你确定决定哪些历史事件或人物最具有历史意义的标准。

1. 你的草图是否涉及到了著名的事件和有权势的重要人物？或者你的草稿是否涉及到大多数人的普通生活？

是。草图以辛炙革命为主线，分为"中国的瓜分危机"（对外）与国内改革与革命（对内）。"中国的瓜分危机"涉及一系列侵华战争：鸦片战争、八国联军侵华、英法联军侵华。

2. 你的草图中是否涉及到了民族或者国家？"国内改革与革命"涉及：戊戌变法、辛亥革命、太平天国运动……

是。"中国的瓜分危机"（对外）有涉及到很多西方列强

"国内改革与革命"（对内）有改革派、革命派

3. 你的草图是否与一些当地的、民族的、国家的、世界的问题有联系？

是。国家民族：半殖民地半封建社会的形成发展

世界：西方列强对世界的瓜分

4. 你的选择是否与巨大历史性的变化有关？

有关。自鸦片战争步入近代中国，……

近代中国的政治基础，经济基础

5. 你选择的事件或人物是否改变了人们的生活？

是

6. 如果把你放入自己画的草图中，你会如何定位自己与其他元素的关系，为什么这么定位？

我也许会是个革命派吧，参与国内的一些政治运动，抓住国内外矛盾的激烈时机，促成革命

7. 你的草图是否讲述了一个故事？如果是的话，这个故事传达了怎样的信息？

是，讲述了近代中国形成与发展的故事，对外有被瓜分，对内国内矛盾激烈。近代中国正是在这种内外矛盾的夹击下发展的

8. 考虑到前 7 题的回答思考，你在选取历史事件、人物放入你的草图中时是怎样的标准或理由？

①对近代中国有很大的影响

②以重大历史事件和重要历史人物勾画出近代中国的框架

③草图局部按照主题、时间排序

六大历史思维概念　　Copyright © 2013 by Nelson Education Ltd

图 5.7　分析历史意义草图问题（学生作业）

学生按照指导教师提出的问题，完成相关任务，能够深入地体验和理解“历史意义的建构”这一主题。在该课程中，自主学习是贯穿整个课程的始终的，可以说，4C/ID-PBL 模式课程就是以教师指导为辅，学生自主学习为主的课程。通过课程学习，学生逐步建构了历史思维概念，形成了历史思维能力，提升了学科核心素养。

在基础教育阶段，传统课程是教师主导的，学生较为被动地学习。在整体任务问题式学习课程学习过程中，学生的自主学习被置于中心地位。在课程实施的过程中，我们发现，自主学习容易游离于整个课程的任务设计、问题设计之外，这样就会使得课程的理念得不到很好的体现，最终也难以达成课程的学习目标。自主学习也需要进行较为仔细的任务与问题设计，并且要与整个课程的任务与问题设计相统一。自主学习不是漫无目的地游荡，应该是基于问题的探索，基于整体任务的完成。

第六节　课程评价分析

4C/ID-PBL 模式课程评价将结合前文理论基础中有关课程评价的理论，以课程目标为依据，结合课程资源开发中相关具体的课程评价工具，来对“中学生历史思维能力培养”这一基于 4C/ID-PBL 模式课程进行综合评价。评价将从以下两个方面进行：一方面是课程学习评价，主要是从学生的层面进行评价，评价学生是否按照课程目标完成了课程学习，达到了目标要求；另一方面是课程效果评估，主要是从课程的实施全过程来看，课程的目的、价值、意义是否得到了很好的实现。

一、课程学习评价

从课程学习评价来看，通过课程的学习，学生到底有怎样的收获？学习目标是否达成？课程的实施过程中和实施后，都需要对学生的学习情况进行评估。课程的评估主要采用评估量表、学习档案、反思日志、陈述、小论文、自我评估和同伴评估等方式。接下来，本节将阐述在本课程中是如何实施这些评估方法的，以及这些评估方法在实施过程中，需要注意哪些问题。

1. 历史思维能力评估量表

为了对学生的历史思维能力水平进行标准化评价，我们对彼得·塞沙斯和汤姆·莫顿研究提出的六大历史思维概念的评估量表进行了改编，设计出了校本课程的历史思维能力评估量表（见表5.5)。表5.5主要是以评估学生历史意义这一思维概念为例，我们在评估量表的设计过程中，让学生对有关历史意义的各方面内容进行分析，以此评估学生是否具有了历史意义方面的思维能力，并根据学生的表现进行赋分。历史思维能力评估量表是评价学生通过学习是否提高了历史思维能力的重要参照。在具体的课程评估实践过程中，导师再根据评估量表结合具体的历史事件、历史人物等设计相关问题，让学生按照评估量表的要求对自己的历史思维能力进行具体判别。

表5.5 历史思维能力评估量表

姓名________________			日期__________	
历史思维能力标准	非常好	好	一般	不好
	5分	3分	1分	0分
能够识别出一个历史事件、人物导致的历史的改变				
学生能够识别这种改变带来的影响的程度（多少人，多深远，多持久）				
能够解释历史事件或者人物揭示了什么，对历史或者现实问题具有阐释作用				
能够解释作者如何通过展示历史事件、人物在历史叙述中的地位来建构历史意义				
能够在测试中识别有关历史意义的重大问题（如中国工业化如何成为国家建设中的重要组成部分?）				
能够描述历史情节（讲述了中国工业化进程中的什么故事?）				
能够确定历史人物或者事件的特定地位或作用（如洋务运动对中国的工业化有何贡献?）				
能够举例说明历史意义随着时间的变化而变化				
能够举例说明历史事件或者人物对不同的群体具有不同的历史意义				

2. 课程学习档案和反思日志

课程学习档案和反思日志主要的作用是对学习进行过程性评价。在该课程中，学习档案主要是学生每次课程中学习过程、内容的记录。课程学习记录单记录下课程学习中的主要内容（见图 5.8）。通过学生完成的记录单可以看出，学生可以通过这个学习记录单，对本小组的学习情况进行比较详细的记录。教师通过学习记录单能够对学生的学习过程，有进一步的了解。对于学生学习过程的评价，学习记录单可以作为重要的参考依据。在学习记录单的“学习过程”一栏中，学生主要表述了该小组成员是如何对某一个历史问题展开深入学习和研究的。在该课程实施过程中，教师没有专门要求学生写反思日志，在课程学习记录单的“研究心得”一栏中，实际上包括了反思日志的内容。学生将一些在学习过程中的收获、心得体会、问题等反馈写在“学习心得”一栏中。

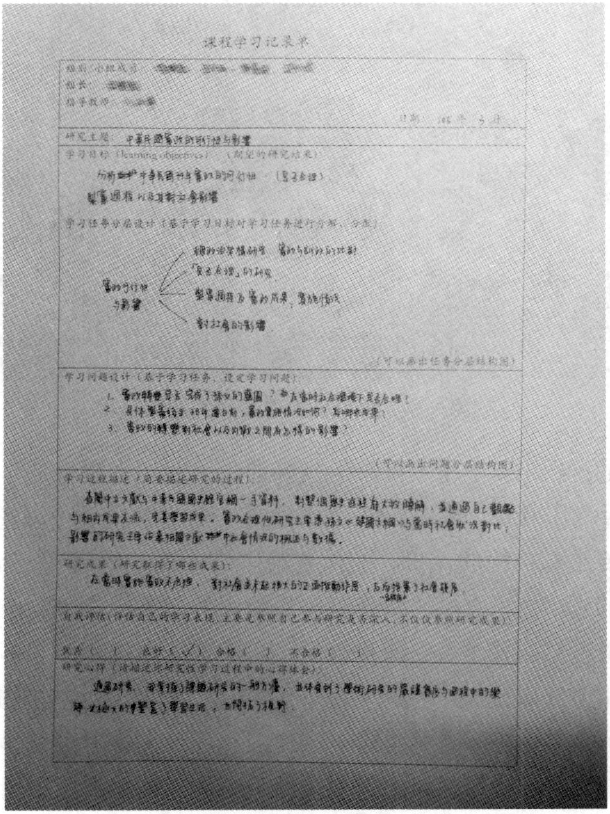
课程学习记录单

组别 小组成员：
组长：
指导教师：
日期：

研究主题：

学习目标（learning objectives）（期望的研究结果）：

学习任务分层设计（基于学习目标对学习任务进行分解、分配）：

（可以画出任务分层结构图）

学习问题设计（基于学习任务，提定学习问题）：

（可以画出问题分层结构图）

学习过程描述（简要描述研究的过程）：

研究成果（研究取得了哪些成果）：

自我评估（评估自己的学习表现，主要是参照自己参与研究是否深入，不仅仅参照研究成果）：

优秀（ ） 良好（✓） 合格（ ） 不合格（ ）

研究心得（请描述你研究性学习过程中的心得体会）：

图 5.8 课程学习记录单（学生记录）

3. 陈述和小论文

陈述与小论文是总结性评价，主要关注学生的学习结果。陈述的目的是让学生能够将一阶段学习的成果进行陈述。在陈述实施的过程中，学生要提交陈述的讲稿，然后以小组为单位分别陈述本组的学习结果。每个小组选出一名同学先进行整体陈述，陈述完之后，小组其他成员可以对陈述进行补充。另外，其他小组的成员和指导教师可以针对陈述小组所表现出来的问题，进行提问，要求陈述人做出回答。陈述完成之后，指导教师和学生一起对陈述结果进行评价打分（见图 5.9）。

图 5.9　学习小组陈述学习成果

在陈述的过程中，学生表现出了良好的学习状态和较好的学习能力，并且体现出了 4C/ID-PBL 模式课程的实施效果。在传统的历史课堂中，学生需要面对的主要是总结性的评价，充斥着很多结论性的内容和记忆性的内容，很难对学生的思维能力、核心素养做较为深入的考查。学生的陈述则能够较好地体现任务型问题式学习的课程效果。学生在学习过程中，不再是以记忆某一个历史事实或者是某一个历史结论为主了。学生以形成历史思维能力，提高历史核心素养为主要目标。通过陈述的过程，也能够看出学生在平时学习中的态度以及为学习所付出的努力，以及为探究某一个历史问题所做出的思考。

以其中一小组为例，该小组选取了“从与列强关系看清末民初时代风云之变”这一主题。该主题从探讨民国时期政府、军阀与各国列强的关系来看那一段历史时期的对外关系。有的学生就认为，军阀与列强的关系不是可以简单概括的。军阀与列强的关系，更像是相互依赖、相互利用的复杂关系，列强攫取了更多的在华利益，而军阀也通过与列强的关系巩固了自身地位。在当时军阀割据的中国，这种内外勾结就成为军阀的一种生存之道。在这一小组陈述中，可以看出他们根据研究兴趣，进行了小组的分工合作，先分别查找资料，再综合起来进行分析。

陈述作为一种评价方法还有一个明显的优势就是陈述时可以开展指导教师提问和学生的问答。这充分体现了评价的反馈功能，为进一步提升学生的能力、改进课程学习提供了帮助。一般而言，在课程学习过程中，会有多次陈述，学生要多次汇报学习过程。在“从与列强关系看清末民初时代风云之变”这一小组在陈述完成之后，指导教师提问与同学问答环节有序展开。指导教师提出，这一时期的对外关系错综复杂，政权更迭也比较频繁，采取一个怎样的角度来进行整体性叙述，也就是叙述的结构设计要框架清晰。另外，这是一个比较大的话题，涉及的资料比较丰富，也需要仔细把握。

小论文或研究报告是课程学习的终结性学习结果。小论文或研究报告评价的实施，主要是学生将论文、报告上交之后，教师根据标准进行评判。在实施过程中发现，学生能够在学习和研究后按照要求完成小论文、报告的撰写，但是论文、报告的撰写还存在一些问题，主要是逻辑性不够强，术语表达还不够规范，对某些历史问题的思考还不是很成熟，掌握的历史资料也较为有限等。

4. 自我评估

学生的自我评估是4C/ID-PBL模式课程评估中的一个重要组成部分，在课程实施过程中的很多场合都需要学生能够进行自我评估。在4C/ID-PBL模式课程中，自我评估不仅仅是一种评估手段，更是以学生为中心理念的重要体现。在学生自主评价过程中，我们采取了打分的方式（见表5.6），学生根据自我评价表中的栏目与权重来进行评分。实践表明，该评价表能够较好地反映出学生在学习中的参与和表现情况。

表 5.6 学生自我评价表（学生作业）

评量项目	0.5	0.4	0.3	0.2	0.1
1. 我会将生活中的实例与所讨论的案例相结合			√		
2. 我会通过各种途径收集资料		√			
3. 我能判断数据的可靠性		√			
4. 我会分析各类数据，理解后用文字表达		√			
5. 我会将资料分析整理后，归纳出自己意见	√				
6. 遇到问题，我会不断分析，直到解决为止	√				
7. 我能与组员共同讨论，倾听别人意见	√				
8. 我能主动参与，并尽力完成所分配的工作		√			
9. 我会学习其他组员的长处（优点）	√				
10. 我能提出引发小组讨论的议题		√			
评量标准：每项最高 0.5 分，总分 5 分；请按实际情况，在合适的空格内打“√”。 很好：0.5 分；好：0.4 分；普通：0.3 分；还可以：0.2 分；待改进：0.1 分。					

5. 同伴互评

同伴互评在实施的过程中，我们采用了小组间进行互评的方式进行。让参与课程学习的成员，给其他小组成员进行评分（评分表如表 5.7 所示）。通过同伴评议打分，教师能够对每一位学生的学习情况，以及同伴对他学习的情况，有初步的了解。

表 5.7 学生同伴互评表

组别：第二组　主题：历史意义　日期：2016 年 10 月						
学生姓名	所提议题具有创意	耐心聆听组员发言	发言时陈述有条理	提供的材料正确有依据	整体而言，主动参与有贡献	得分
蒋	5	5	4	4	5	23
嵇	5	5	5	5	5	25
王	4	5	4	4	4	21
评量标准：每项最高 5 分，总分 25 分；请按实际情况，在每个空格内打分。 很好：5 分；好：4 分；普通：3 分；还可以：2 分；待改进：1 分。						

在课程评价的实施过程中，综合采用多种评价方法，将形成性评价与总结性评价相结合，把学生自评与同伴评议以及教师评价相结合，能够较好地体现任务型问题式学习课程以学生为中心、以培养学生能力素养为目标的要求。

二、课程效果评估

在课程效果评估方面，我们主要采用了问卷调查、学生访谈、自我反思、文件回顾等评价方式。校本课程的评价主要涉及两个层面，一个是学校层面对课程实施的评价，另一个是课程实施者自主组织的课程评价，在此次课程评价过程中，主要是课程实施者的自主课程评价。学校层面评价主要是学校评教系统对课程的问卷调查评价。

1. 问卷调查

在课程评价中，我们开发了课程学习自我评价表（图 5.10），通过网络发放问卷，让学生来反馈课程学习情况。教师通过“问卷网”对问卷题目进行设置，要求所有学生客观完成，因为是网络问卷调查，学生匿名完成，因此数据较为客观，对于评价课程具有重要参考作用。

图 5.10　课程学习自我评价表

反馈的数据显示，学生对这种以任务为中心、以问题为导向的课程学习表现出了较高的兴趣，也认为课程目标明确，对学生来说具有较大的意义。课程学习自我评价表可以对学生学习情况有一个总体把握。在反馈中，大部分同学都体现出了较好的课程参与度（如图 5.11）。课程参与度“高”和“很高”的学生达到 100%。

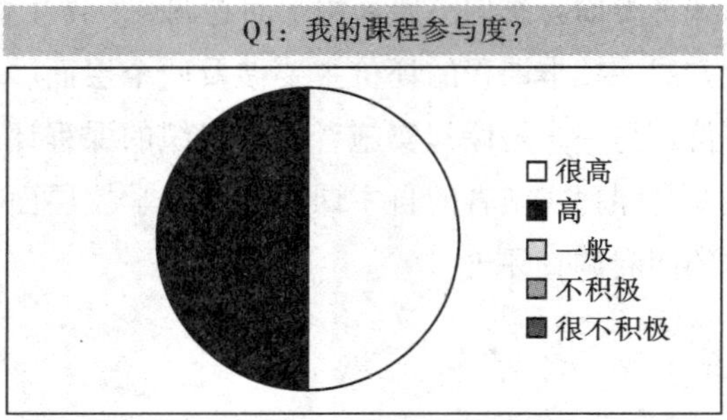

图 5.11　课程参与度网络问卷结果

在该问卷中还对小组同伴学习的情况进行了同伴评议。从反馈的数据来看，学生都认可同伴的学习状态（如图 5.12）。

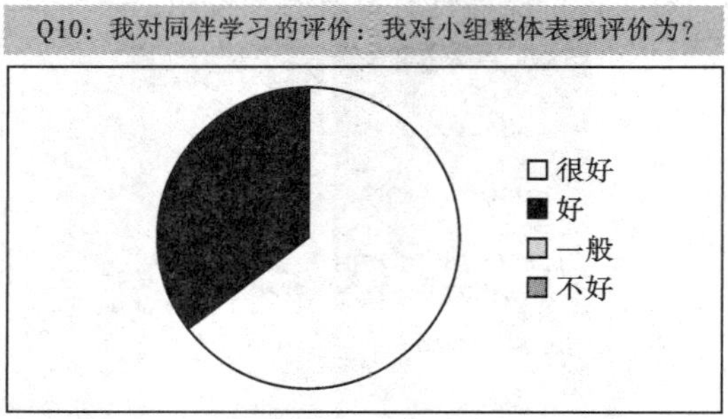

图 5.12　课程小组同伴学习评价网络问卷结果

在文字描述性问题中，学生对于改进课程学习提出了建议，希望能增加课时。这实际上也是反映出两个方面的问题：一是校本课程课时不足。国家必修课程有政策支持的明确的时间保障。校本课程虽然有相关政策规定，但难以有充分的时间保障。二是 4C/ID-PBL 模式课程较为费时，需要较为充足的时间保障。因为 4C/ID-PBL 模式课程不是针对某一个知识点教授的课程，是整体任务课程，需要花时间完成课程的整体设计，另外对课程问题进行深入学习的时候，往往需要更多的时间来进行深入探讨。

另外，学校还进行了学生校本课程网上评教系统调查（见表5.8）。该网上评教系统是学校每学期一次的全校性调查，包括教师评价、课程满意度评价等。网上评教系统调查为匿名问卷调查，评价数据在每学期结束后会反馈给相应教师，该数据也作为学校教师、校本课程考评的重要参考指标之一。“中学生历史思维能力培养”校本课程在2018年1月的校本选修课程网上调查中，学生满意度达100%。在问卷的开放性问题中，学生也表达了对该课程感兴趣，喜欢与传统历史课程不一样的学习方式。

表5.8 选修课课程网上评教系统调查表

<table>
<tr><td colspan="3">课程名称</td><td>中学生历史思维能力培养</td></tr>
<tr><td colspan="3">任课教师</td><td></td></tr>
<tr><td rowspan="11">评教项目</td><td colspan="2">1. 该课程教师课堂准备是认真、充分的</td><td>5</td></tr>
<tr><td colspan="2">2. 该课程教学定位清晰、准确，适合学生的接受水平</td><td>5</td></tr>
<tr><td colspan="2">3. 该课程延伸、拓展、更新了学生知识或技能</td><td>5</td></tr>
<tr><td colspan="2">4. 该课程教师善于激发学生的兴趣或促进学生探究欲望</td><td>5</td></tr>
<tr><td colspan="2">5. 该课程教师有与课程相关的个人特长和专业素养</td><td>5</td></tr>
<tr><td colspan="2">6. 该课程教师上课无迟到、早退、拖堂或无故缺课现象</td><td>5</td></tr>
<tr><td colspan="2">7. 该课程教师课程操作形式生动活泼，互动性强</td><td>5</td></tr>
<tr><td colspan="2">8. 该课程有助于形成学生自我兴趣取向、职业取向</td><td>5</td></tr>
<tr><td colspan="2">9. 该课程教师安排的教学内容、时间分配合理</td><td>5</td></tr>
<tr><td colspan="2">10. 该课程教师能适时对学生进行选修课程学习方法的指导</td><td>5</td></tr>
<tr><td colspan="2">总分</td><td>50</td></tr>
<tr><td rowspan="3">满意度项目</td><td rowspan="3">11. 根据上述各项的统计和你对任课教师的总体印象，在右边三个中进行选择</td><td>满意（%）</td><td>100</td></tr>
<tr><td>较满意（%）</td><td>0</td></tr>
<tr><td>不满意（%）</td><td>0</td></tr>
</table>

2. 学生访谈

在课程实施和课程结束后，课程评价实施者都可以通过访谈的形式来深入了解课程的整体情况。在学生的访谈过程中，学生认为，任务型问题式校本课程与平时的必修课程体现出了完全不同的授课方法。任务型问题式校本课程能够将平时必修课中的部分内容再深化。另外，该课程最大的特点是教给学生一种学习方法。学生也在访谈中指出，课程设计需要更精细化。在访谈中，学生也提出，需要在课外花较多的时间和精力来完成课程学习，在忙碌的高中学业学习中，会有时间上的压力。

3. 自我反思

课程评价的自我反思，是指课程设计者、实施者对课程的情况做自我反思，通过自我反思来对课程的整体情况做自我评价。在本课程的实施过程中，我们认为，从总体上来看，课程设计、课程实施体现了任务型问题式课程的核心理念和基本特点，是一个较为成熟的课程设计方案。另外，通过学生的反馈来看，学生对课程的实施过程总体上也是满意的。在课程的实施过程中，学生表现出了较高的学习热情，在对历史问题研究的过程中，学生也在课程学习过程中表现出了良好的素养和开阔的视野。在课程的实施过程中，我们也发现一些问题。首先是课程设计的精细化问题。校本课程的开发从总体来看，还是从属于必修课程的第二位的课程，学校对选修课程的重视程度不足，因此，在设计课程的时候还是不够精细化。

4. 文件回顾

课程评价也要结合课程中的有关记录文件。在此次课程评价的实施过程中，我们通过对课程实施过程中的有关文件进行梳理、检查，再一次回顾整个课程实施的过程。通过对课程教案、课程记录、课程作业等回顾，我们认为课程实施过程中，基本达成了课程预期的目标。我们也发现了一些问题，比如课程文件的整理还不够全面、规范，有些文件缺失，有些课程文件记录的信息有误等。课程文件是课程评价的重要依据，因此课程实施的同时，教师也要注重课程文件的归类整理与保存。

课程评价在实施的过程中，我们认为还存在一些问题。因为是研究性的课程评价的实施，所以在课程评价的实施过程中，实际上带有一定的目的性，我们认为较难以摆脱自身既作为课程实施者又作为课程研究者可能带来的评价的标准问题。因此，比较好的评价方式是第三方评价。在我们实施课程评价的过程中，还缺乏这方面的探索，还需要进一步深入研究。

第六章　研究结论与展望

第一节　研究结论

经过理论梳理和实践研究，我们认为，整体任务问题式学习校本课程开发是一种在理论上以学生为中心，融合合作学习、建构主义等教学理念的课程设计与开发模型，可以作为校本课程设计与开发的重要参考，对学校校本课程开发具有理论和实践意义。课程实践研究表明，该模式具有实践上的可行性，能够开发出效果好、效率高、学生参与度大的课程。我们认为，在以教学设计理论为参考路径时，课程设计与开发要注重教学设计理论本身的融会贯通，也要注重教学设计理论与具体课程内容的整体与综合。校本课程设计与开发虽已经取得诸多成就，但以课程内容为中心的课程设计与开发路径，逐步转向以学为中心、以教学设计理论为基础的课程设计与开发的路径，不是一蹴而就的，需要在理论建构和实践探索方面都有更为多元与深入的研究。课程开发只有基于教学设计的理论，才能从根本上符合学生的需要，才能从根本上落实以学生为中心的理念。在课程开发过程中，如果脱离或者不重视教学设计理论，最终开发出来的课程也只能做到知识的传授而不是更多地体现学生素养的提升。

以教学设计的理论来指导课程开发是当前校本课程开发的一条有效捷径。课程开发是一个系统工程，在我国传统的课程开发过程中，一线教师缺位，一线教师实际上很少有课程开发的经验。当前校本课程开发存在“赶鸭子上架”的现象，即要求并不具有课程开发的理论水平与实践经验的教师开发课程。这就迫切需要一线教师对校本课程开发的路径做出研究和探讨。本研究认为，以教学设计的理论来指导课程开发，有利于开发校本课程的教师，基于教学设计的理论的课程开发模型按图索骥。

在运用整体任务问题式学习基本理论模型进行课程开发时，首先要进行核心术语的界定，理解整体任务学习与问题式学习如何有机融合，从而形成了一个以学生为中心、符合建构主义理论的学习框架。只有先理解了该课程开发模型的理论立足点，才能有效地运用这种模型进行课程开发。

在课程实施过程中教师要转变角色。在该课程开发模型中，教师的角色发生了很大变化，从传统的通过讲座等方式传授知识的教师，转变为通过课程设计与开发，并且在课程实施过程中提出问题、假设等，来促使学生真正地学习。课程设计要做到从学生的学习需求出发，基于教师创设的教学环境，使得学生能够真正地进入学习场域，让学习真正发生。信息时代，网络技术的发展使得知识本身不再神秘，不再是教师的专长。那么，新时代的教师必须顺应时代潮流，转变教师角色。在整体任务问题式学习课程设计过程中，教师需要对角色进行重新定位。新时代的教师应该更多地创设良好的教育情境，在这样的教学情境中，引导学生学会学习、学会思考、学会创新，而不是做一个记忆知识的机器。

小组合作学习要落到实处。在整体任务问题式学习课程中，小组合作学习是一个非常重要的要素。毋庸置疑的是，与人合作是新时代对人的能力素养的重要要求，在未来的社会发展过程中，与人合作的能力显得越来越重要。整体任务问题式学习课程设计充分地考虑到了小组合作的教学环节设置。需要注意的是，小组合作学习虽然不是一个新的概念，然而在现实的课堂中，常常出现一些假合作或者是浅层次合作。这种假合作或者浅层次合作的出现可能是因为学生对合作学习的理解存在偏差，在课程设计过程中，没有从整体上对合作学习做精细化的设计。有些课堂中，教师也对学生进行了分组，但是分组却没有任务的分工、没有角色的分配，这就是假合作。另外，有些课堂中，存在任务的分工和角色的分配，但学生只是对一些结构良好的问题进行合作学习，这样的合作学习是浅层次的。适应未来社会发展的合作学习，应该是针对结构复杂的问题，然后基于整体的任务设计，来分配小组及成员的学习任务，共同解决结构不良的、复杂的问题。这样的小组合作学习是一种小组合作创新学习。未来的时代需要更多的小组研讨，小组通过共同的研究，最终解决某些复杂的问题。在可以预见的将来，很多结构良好的简单的问题，都可以通过计算机来解决，只有那些复杂的、结构不良的问题，需要多人合作来最终做决定。让小组合作学习落到实处，通过课程设计之初，就要对合作的要求进行明确。

课程评价是该课程模型中非常关键的步骤。课程设计之初就要设计好针对该课程的评价方式与方法。课程评价的功能在于完整地评价课程目标是否达成。很显然，传统的纸笔测试在该课程模型中，只是一种评价方法。该课程模型倡导通过多种评价方法来全面衡量学生的学习目标达成度。

学生要理解并积极主动地参与学习。学生是否理解课程的设计理念，对于课程学习的最终效果也是有重要影响的。一方面从课程设计的角度来说，设计者要促使学生积极主动去参与学习；另外一方面，学生自身也要从课程理念的角度理解、接受，最终积极主动参与，从而与教学设计的目标要求相吻合。实际上，这种积极主动的学习要求学生自己逐步建立学习的自我责任感，简言之，学习是学生自己的事情，是学生应该自主、积极参与的学习活动。

学生要扮演好自己角色。在整体任务问题式学习课程中，学生不仅要积极参与课程，有时候还需要承担课程学习领导者的角色，如作为小组讨论的组织者或者是小组合作学习的小组长。课程设计会尽可能让每一位学生都有机会扮演这样的角色。这样做的目的是让学生在学习的过程中，能够学会组织、领导与管理学习过程。整体任务问题式学习课程要求学生尽可能地积极参与，尽可能地自主管理学习，这就对学生的课程学习角色有明确的定位与要求。特别是课程学习的领导者，应具有一定的课程学习领导能力。除了课程学习领导者之外，学生也要扮演好课程学习的其他角色。课程讨论还需要记录者、参与者、讨论者等。每一位学生，都要扮演好自己课程学习者的角色，共同促进课程学习。

学生要有良好的学习心理准备。整体任务问题式学习课程与传统课程相比有很大的区别，有可能在一开始的学习过程中，学生会产生心理的不适应。学生在课程学习的初始阶段产生这样的不适应是正常的，但需要引起重视。学生要根据指导教师的要求，对课程模式、课程步骤、课程要求等进行学习，学生对课程的基本内容熟悉之后，就会克服心理的不适应。另外需要注意的是，整体任务问题式学习课程，可能给学生一种感觉是这是一种相对轻松的课程，这是一种误解。课程形式的灵活并不代表课程学习的轻松。事实上，学生常常要花费比传统课程更多的时间和精力。因此，学生也应该做好这样的心理准备，即要在课程学习中更投入、更专注。

第二节　研究反思

通过对4C/ID-PBL模式校本课程的实践研究，在认识到该校本课程开发模型的理论与实践意义的同时，我们认为有以下几点需要反思。

第一，4C/ID-PBL模式课程比较费时，这是4C/ID-PBL模式课程的一个不足之处。由于4C/ID-PBL模式课程是针对整体任务，以问题为驱动，而不是针对某一个具体知识点的教学，所以该课程在设计时就要有比较宏观的视野，学生也需要更多的时间来进行整体性的学习。另外，学习的过程中，也会有很多生成性问题，这也就出现了对课程时间需求的不确定性。在问卷调查中，学生就指出课时不足，很多学习任务还展开得不够充分。在当前高中学校的课时安排中，校本课程的课时本来就因为必修课程本身存在的压力导致难以得到充分的保障。这对该模型校本课程开发也带来一定的压力，给该模型在当前环境下的进一步深入推广带来一定困难。

第二，4C/ID-PBL模式校本课程的评价还需要精细化。课程评价从广义上来说，包括学生学习评估以及课程本身的评价。课程评价的导向性作用是明显的，研究者虽已经对课程评价部分做了较为深入的分析，但我们认为课程评价还需要进一步细化，进一步通过多元评价方法细致地对学生的学习进行评估。对于课程本身的评价，也需要从学校层面来形成一套行之有效的方法。我们同时也认识到，课程评价与课程之间是存在鸿沟的。程式化的评价对于课程来说，有时候也会起到反作用。因此，构建多元、细致、高效的校本课程评价体系，还需要进一步深入探讨。

第三，校本课程与必修课程的关系要进一步明确。课程开发的实践研究更多地是从校本课程的层面来看课程开发本身，但校本课程与必修课程是否需要衔接、关联，如何衔接、关联，也需要反思。我们认为，校本课程是学校课程体系的重要组成部分，从整体层面架构课程体系，让校本课程的作用能够更好地发挥出来。因此，校本课程设计既要考虑到校本课程与必修课程的差异，也需要兼顾二者的联系，使之互相支持，相得益彰。

第四，校本课程的开发是一个系统工程，要加强校本课程开发的多方联动。在实施的过程中，我们发现开发一门校本课程需要花费很大的精力，单打独斗很难取得好的成效。因此，校本课程开发要进行系统设计，吸收多方力量参与，共同开发。我们认为，在课程专业层面上，需要学科教师与课程设计专家共同研究，提出课程设计方案并进行讨论，逐步完善方案。在学校组织层面，需要学校课程管理者与课程开发者之间进行联动。学校要对校本课程开发提供资源支持，这种支持一方面是物质条件的支持，另外一方面是时间、人员等方面的支持。课程开发者也可以向校外资源寻求帮助。只有在多方联动的基础上，校本课程的开发与实施才能够更好地得到保障。

第三节　研究展望

经过研究与反思，我们认为进一步深入研究还可以从三个方面进行。

第一，加强六大历史思维概念与历史学科核心素养的比较研究。在本研究推进的过程中，新版的国家高中历史课程标准也正在研制，并首次提出了历史学科核心素养的概念。核心素养与思维概念在本质上是相通的，六大历史思维概念的研究，有助于进一步推进基于历史学科核心素养的研究。加强六大历史思维概念与历史学科核心素养的比较研究，有利于开发出培养学生历史学科核心素养的校本课程。

第二，推进 4C/ID-PBL 模式课程在必修课程中的应用研究。4C/ID-PBL 模式校本课程开发研究成果为 4C/ID-PBL 模式课程在必修课程开发中的应用研究奠定了基础。4C/ID-PBL 模式课程最终的方向也应该是进入必修课程领域，推动课程开发理念与实践的变革。

第三，加强基于网络技术的 4C/ID-PBL 模式课程开发研究。本研究虽然也运用了部分网络技术来支持课程开发，但对基于网络技术的课程开发没有进行深入的分析与探讨。在当前信息时代，网络、计算机技术运用于课程开发中已经取得了很大的突破，慕课、微课等课程形式也风起云涌，为课程开发带来了新的思路。将基于教学设计理论的课程设计与网络课程设计相融合，开发出基于教学设计理论的网络课程，从理论与实践层面来说，都具有重大的意义。

总而言之，整体任务问题式学习课程开发模型，是一种基于教学设计理论与实践构建出的适合基础教育阶段的校本课程开发模型，为校本课程开发提供了一种新的路径参考。基于教学设计理论的课程开发，如何在必修课程领域有所作为，如何应用该模型进行网络课程开发，都还需要进一步深入地研究。希望有更多的研究者在基于教学设计理论的课程开发领域开拓出更广阔的天地，为提升我国基础教育领域教师课程开发能力、为学生开发出更多更好的课程作出贡献。对此，我们充满期待。

参考文献

著作类

[1] BOUD D，FELETTI G. The Challenge of Problem-based Learning [M]. 2nd ed. London：Kogan Page Limited，1997.

[2] BRANCH R M. Instructional Design：The ADDIE Approach [M]. New York：Springer University Press，2010.

[3] BRIDGES E M，HALLINGER P. Implementing Problem Based Learning in Leadership Development [M]. Eugene：ERIC Clearinghouse on Educational Management，1995.

[4] SAVIN-BADEN M，MAJOR C H. Foundations of Problem-based Learning [M]. Maidenhead：Society for Research into Higher Education & Open University Press，2004.

[5] SEIXAS D P，MORTON T. The Big Six Historical Thinking Concepts [M]. Toronto：Nelson Education Ltd.，2013.

[6] VAN MERRIËNBOER J，KIRSCHNER，P. A. Ten Steps to Complex Learning [M]. London：Lawrence Erlbaum Assiociates Publischers，2007.

[7] VAN MERRIENBOER J，KIRSCHNER，P. A. Ten Steps to Complex Learning [M]. 2nd ed. New York：Routlege，2013.

[8] VAN MERRIËNBOER J. Training Complex Cognitive Skills：A Four-component Instructional Design Model for Technical Training [M]. Englewood Cliffs，NJ：Educational Technology Publications，1997.

[9] SPECTOR J M, MERRILL M D, J. J. G. Van Merriënboer and M. P. Driscoll (Eds.), Handbook of Research on Educational Communications and Technology [M]. New York: Routledge, Taylor & Francis Group, 2008.

[10] YEW E H J, O'GRADY G. One-Day, One-Problem at Republic Polytechnic [M]. Singapore: Springer Singapore, 2014.

[11] 托尔普，赛奇. 基于问题的学习：让学习变得轻松而有趣[M]. 刘孝群，李小平，译. 北京：中国轻工业出版社，2004.

[12] 德莱尔. 问题导向学习在课堂教学中的运用[M]. 方彤，译. 北京：中国轻工业出版社，2004.

[13] 福格蒂. 多元智能与问题式学习[M]. 钱美华，许晶晶，王立娜，译. 北京：中国轻工业出版社，2005.

[14] 赛米. 问题导向学习（PBL）指南[M]. 王维民，译. 北京：北京大学医学出版社，2012.

[15] 迪克 W，凯瑞 L. 系统化教学设计[M]. 庞维国，译. 第六版. 上海：华东师范大学出版社，2007.

[16] 埃德加·莫兰. 复杂性理论与教育问题[M]. 陈一壮，译. 北京：北京大学出版社，2004.

[17] 艾伦·C. 奥恩斯坦，费朗西斯·P. 汉金斯. 课程：基础，原理和问题[M]. 柯森，译. 南京：江苏教育出版社，2002.

[18] 崔允漷. 校本课程开发：理论与实践[M]. 北京：教育科学出版社，2000.

[19] 崔允漷. 有效教学[M]. 上海：华东师范大学出版社，2009.

[20] 戴尔·H. 申克. 学习理论[M]. 韦小满，译. 南京：江苏教育出版社，2003.

[21] 丁念金. 问题教学[M]. 福州：福建教育出版社，2005.

[22] 约翰·杜威. 我们如何思维[M]. 伍中友，译. 北京：新华出版社，2010.

[23] 杜翔云，安奈特·科莫斯，钟秉林. 基于问题的学习：理论与实践[M]. 杜翔云，年智英，郑艳，等译. 北京：高等教育出版社，2013.

[24] 玛丽·艾丽斯·冈特，托马斯·H. 埃斯蒂斯，简·斯瓦布. 教学模式

[M]. 尹艳秋，等译. 第四版. 南京：江苏教育出版社，2006.
[25] 关超然，李孟智. 问题导向学习之理念、方法、实务与经验：医护教育之新潮流[M]. 北京：北京大学医学出版社，2015.
[26] 国家教委基础教育司. 全日制高级中学课程计划学习指导（试验）[M]. 北京：人民教育出版社，1997.
[27] 洪荣昭，林展立. 问题导向学习课程发展理论与实务[M]. 台北：师大书苑有限公司，2006.
[28] 黄钢，关超然. 基于问题的学习（PBL）导论：医学教育中的问题发现、探讨、处理与解决[M]. 北京：人民卫生出版社，2014.
[29] 黄光雄，蔡清田. 课程设计：理论与实际[M]. 南京：南京师范大学出版社，2005.
[30] 加涅 R M，布里格斯 L J，韦杰 W W. 教学设计原理[M]. 皮连生，等译. 上海：华东师范大学出版社，1999.
[31] 杰罗姆·范梅里恩伯尔，保罗·基尔希纳. 综合学习设计[M]. 盛群力，陈丽，王文智，译. 福州：福建教育出版社，2012.
[32] 杰罗姆·范梅里恩伯尔，保罗·基尔希纳. 综合学习设计 [M]. 盛群力，等译. 第二版. 福州：福建教育出版社，2015.
[33] 拉尔夫·泰勒. 课程与教学的基本原理[M]. 罗康，张阅，译. 英汉对照版. 北京：中国轻工业出版社，2014.
[34] 罗厚辉. 课程开发的理论基础[M]. 济南：山东教育出版社，2002.
[35] 梅雷迪斯·S. 高尔，沃尔特·R. 博格，乔伊斯·P. 高尔. 教育研究方法导论 [M]. 许庆豫，等译. 第六版. 南京：江苏教育出版社，2002.
[36] 盛群力，褚献华. 现代教学设计[M]. 杭州：浙江教育出版社，2002.
[37] 盛群力. 教学设计[M]. 北京：高等教育出版社，2005.
[38] 盛群力. 现代教学设计论[M]. 杭州：浙江教育出版社，2010.
[39] 施良方. 课程理论：课程的基础、原理与问题[M]. 北京：教育科学出版社，1996.
[40] 史密斯 P L，雷根 T J. 教学设计[M]. 庞维国，等译. 第三版. 上海：华东师范大学出版社，2008.
[41] 吴式颖. 外国教育史教程[M]. 北京：人民教育出版社，2003.

[42] 徐平. PBL（问题导向学习）：我们的思考与实践[M]. 北京：人民卫生出版社，2015.
[43] 叶浩生. 西方心理学的历史与体系[M]. 北京：人民教育出版社，1998.
[44] 钟启泉. 课程设计基础[M]. 济南：山东教育出版社，1998.
[45] 钟志贤. 面向知识时代的教学设计框架[M]. 北京：中国社会科学出版社，2006.
[46] 佐藤学. 课程与教师[M]. 钟启泉，译. 北京：教育科学出版社，2003.

论文类

[1] BRUNER J S. The Act of Discovery [J]. Harvard Educational Review, 1961 (1): 21-32.
[2] BEN-DAVID M F. AMEE Guide No. 14: Outcome-based Education: Part 3-Assessment in Outcome-based Education [J]. Medical Teacher, 1999 (1): 23-25.
[3] CHOWEN B W. Teaching Historical Thinking: What Happened in a Secondary School World History Classroom [D]. Austin: The University of Texas at Austin, 2006.
[4] CROOCK M B M D, PAAS F, SCHLANDBUSCH, H, et al. ADAPTIT: Tools for Training Design and Evaluation [J]. Educational Technology Research & Development, 2002 (4): 47-58.
[5] DAVIS M H. AMEE Medical Education Guide No. 15: Problem-based Learning: a Practical Guide [J]. Medical Teacher, 1999 (2): 130-140.
[6] DOLMANS D, GIJBELS D. Research on Problem-based Learning: Future Challenges [J]. Medical Education, 2013 (47): 214-218.
[7] DOLMANS D H J M, SCHMIDT H G. What Drives the Student in Problem-based Learning? [J]. Medical Education, 1994 (5): 372-380.
[8] DOLMANS D H J M, DE GRAVE W, WOLFHAGEN I H A P. Problem-based Learning: Future Challenges for Educational Practice and Research [J]. Medical Education, 2005 (39): 732-741.
[9] ENFIELD, J. Designing an Educational Game with Ten Steps to Complex Learning [D]. Bloomington: Bloomington Indiana University, 2012.

[10] GAGNE R M, MERRILL M D. Integrative Goals for Instructional Design [J]. Educational Technology, Research and Development, 1990 (1): 23-30.

[11] GIJBELS D, SEGERS M. Effects of Problem-based Learning: A Meta-analysis from the Angle of Assessment [J]. Review of Educational Research, 2005 (1): 27-61.

[12] HARDEN R, CROSBY J. AMEE Guide No. 14: Outcome-based Education: Part 5—From Competency to Meta-competency [J]. Medical Teacher, 1999 (6): 546-552.

[13] HARDEN R, CROSBY J, DAVIS M. AMEE Guide No. 14: Outcome-based Education: Part 1—An Introduction to Outcome-based Education [J]. Medical Teacher, 1999 (1): 7-14.

[14] HELSDINGEN A, VAN GOG T, VAN MERRIËNBOER J. The Effects of Practice Schedule and Critical Thinking Prompts on Learning and Transfer of a Complex Judgment Task [J]. Journal of Educational Psychology, 2011 (2): 383-398.

[15] HMELO-SILVER C E. Problem-Based Learning: What and How Do Students Learn? [J]. Educational Psychology Review, 2004 (3): 235-266.

[16] JELSMA O, VAN MERRIËNBOER J, BIJLSTRA J P. The ADAPT Design Model: Towards Instructional Control of Transfer [J]. Instructional Science, 1990 (2): 89-120.

[17] KILPATRICK W H. The Project Method, the Use of the Purposeful Act in the Educative [J]. Teachers College Record, 1918 (4): 319-335.

[18] MARGARYAN A, BIANCO M, LITTLEJOHN A. Instructional Quality of Massive Open Online Courses (MOOCs) [J]. Computers & Education, 2015 (80): 77-83.

[19] MAUDSLEY G. Do We All Mean the Same Thing by "Problem-based Learning"? A Review the Concepts and a Formulation of the Ground Rules [J]. Academic Medicine, 1999 (2): 85-178.

[20] MERRILL M D. First Principles of Instruction [J]. Educational

Technology Research and Development, 2002 (3): 43-59.

[21] MERRILL M D. A Task-centered Instructional Strategy [J]. Journal of Research on Technology in Education, 2007 (1): 33-50.

[22] NARIMAN N, CHRISPEELS J. PBL in the Era of Reform Standards: Challenges and Benefits Perceived by Teachers in One Elementary School [J]. Interdisciplinary Journal of Problem-Based Learning, 2016 (1): 1-15.

[23] ROSS N, DAVIES D. AMEE Guide No. 14: Outcome-based Education: Part 4—Outcome -based Learning and the Electronic Curriculum at Birmingham Medical School [J]. Medical Teacher, 1999 (1): 26-31.

[24] SALINITRI F D, WILHELM S M, CRABTREE B L. Facilitating Facilitators: Enhancing PBL through a Structured Facilitator Development Program [J]. Interdisciplinary Journal of Problem-Based Learning, 2015 (1): 73-82.

[25] SAVERY J R. Overview of Problem-based Learning: Definitions and Distinctions [J]. Interdisciplinary Journal of Problem Based Learning, 2014 (1): 9-20.

[26] SAVERY J R, DUFFY T. M. Problem Based Learning: An Instructional Model and its Constructivist Framework [J]. Educational Technology, 1995 (5): 31-38.

[27] SCHMIDT H G. Problem-based Learning: Rationale and Description [J]. Medical Education, 1983 (1): 11-16.

[28] SKINNER V J, BRAUNACK-MAYER A, WINNING T A. The Purpose and Value for Students of PBL Groups for Learning [J]. Interdisciplinary Journal of Problem-Based Learning, 2015 (1): 19-32.

[29] SMITH S. Counting Meaningful Learning Experiences: Using Student—Created Reflective Videos to Make Invisible Learning Visible During PjBL Experiences [J]. Interdisciplinary Journal of Problem-Based Learning, 2016 (1): 2-16.

[30] SMITH S R, DOLLASE R. AMEE Guide No. 14: Outcome-based Education: Part 2—Planning, Implementing and Evaluating a Competency-

based Curriculum [J]. Medical Teacher, 1999 (1): 15-22.

[31] STEPHENS L M. Problem-based Learning in an Elementary Social Studies Class [D]. Caldwell: Caldwell College , 2010.

[32] TABBERS H, MARTENS R, VAN MERRIËNBOER J. Multimedia Instructions and Cognitive Load Theory: Effects of Modality and Cueing [J]. The British Journal of Educational Psychology, 2004 (1): 71-81.

[33] TJIAM I M, SCHOUT B A, HENDRIKX A M, et al. Designing Simulator-based Training: An Approach Integrating Cognitive Task Analysis and Four-component Instructional Design [J]. Medical Teacher, 2012 (10): 698-707.

[34] VAN GERVEN P M, PAAS F C, VAN MERRIËNBOER J, et al. Cognitive Load Theory and the Acquisition of Complex Cognitive Skills in the Elderly: Toward an Integrative Framework [J]. Educational Gerontology, 2000 (6): 503-521.

[35] VAN MERRIËNBOER J, KIRSCHNER P A, Kester L. Taking the Load of a Learner's Mind: Instructional Design for Complex Learning [J]. Educational Psychologist, 2003 (1): 5-13.

[36] VAN MERRIËNBOER J, SWELLER J. Cognitive Load Theory in Health Professional Education: Design Principles and Strategies [J]. Medical Education, 2010 (1): 85-93.

[37] VAN MERRIËNBOER J. Toward a Synthesis of Cognitive Load Theory, Four-Component Instructional Design, and Self-Directed Learning [J]. Educational Psychology Review, 2009 (1): 55-66.

[38] VAN MERRIËNBOER J, CLARK R E, DE CROOCK M B M. Blueprints for Complex Learning: The 4C/ID model [J]. Educational Technology Research and Development, 2002 (2): 39-64.

[39] VAN MERRIËNBOER J, JELSMA O, PAAS F. Training for Reflective Expertise: A four-Component Instructional Design Model for Complex Cognitive Skills [J]. Educational Technology Research and Development, 1992 (2): 23-43.

[40] VANDEWAETERE M, MANHAEVE D, AERTGEERTS B, et al. 4C/

ID in Medical Education: How to Design an Educational Program Based on Whole-task Learning: AMEE Guide No. 93 [J]. Medical Teacher, 2015 (1): 4-20.
[41] WADE C H. Secondary Preparation for Single Variable College Calculus: Significant Pedagogies Used to Revise the Four Component Instructional Design Model [D]. Clemson: Clemson University, 2011.
[42] WIDYATININGTYAS R, KUSUMAH Y S, SUMARMO U, et al. The Impact of Problem-Based Learning Approach to Senior High School Students' Mathematics Critical Thinking Ability [J]. Indonesian Mathematical Society Journal on Mathematics Education, 2015 (2): 30-38.
[43] 蔡灿新. 复杂性思维方式视野中的教育理论研究 [D]. 广州：华南师范大学，2002.
[44] 蔡灿新. 教育本体论研究的转向与教育本体的复杂性：复杂性思维方式视野中的教育本体论研究[J]. 教育理论与实践，2006 (17): 6-9.
[45] 曹家骜. 思维・思维能力・历史思维能力[J]. 中学历史教学参考，1995 (12): 13-14.
[46] 陈丽虹，周莉，吴清泉，等. PBL 教学模式效果评价及思考[J]. 中国远程教育，2013 (1): 70-73.
[47] 陈少华，郑雪. 整体与部分之和：一种整体论的心理学模式[J]. 自然辩证法研究，2000 (8): 1-4, 14.
[48] 崔炳权，何震宇，王庆华，等. PBL 教学法的研究综述和评价[J]. 中国高等医学教育，2009 (7): 105, 118.
[49] 崔允漷，杜萍. 校本课程开发：辩护与批判[J]. 教育发展研究，1999 (11): 32-36.
[50] 戴维・梅里尔. 教学内容尊为王，教学设计贵为后[J]. 盛群力，陈伦菊，译. 电化教育研究，2017 (3): 5-11.
[51] 丁晓蔚，顾红. "基于问题的学习 (PBL)" 实施模型述评[J]. 高等教育研究学报，2011 (1): 66-69.
[52] 董春雨. 从因果性看还原论与整体论之争[J]. 自然辩证法研究，2010 (10): 24-29.
[53] 杜兰. 历史思维能力初步培养浅谈[J]. 中学历史教学参考，1998 (7):

22-23.
[54] 杜翔云，KOLMOS A，HOLGAARD J E. PBL：大学课程的改革与创新[J]. 高等工程教育研究，2009（3）：29-35.
[55] 段伟文. 科学方法的整体论嬗变[J]. 中国人民大学学报，2007（3）：17-23.
[56] 段亚平，曲妮，李勇，等. PBL案例的设计与编写[J]. 中国高等医学教育，2011（3）：57-58.
[57] 范冬萍. 当代整体论的一个新范式：复杂系统突现论——复杂性科学哲学对整体论的发展[J]. 系统科学学报，2013（2）：12-16，46.
[58] 范冬萍. 复杂系统的因果观和方法论：一种复杂整体论[J]. 哲学研究，2008（2）：90-97，129.
[59] 冯青来，耿红卫. 论埃德加·莫兰复杂性理论中的文化教育观[J]. 外国教育研究，2006（11）：19-23.
[60] 冯锐，刘丽丽. 整体论视域下的教学设计探讨[J]. 开放教育研究，2009（4）：69-73.
[61] 冯锐. 论整体性教学设计的设计观[J]. 远程教育杂志，2009（5）：19-22.
[62] 韩德信. 还原论、生态整体论与未来科学发展[J]. 学术论坛，2005（12）：1-4.
[63] 郝刘祥. 现代科学中的还原论与整体论[J]. 科学文化评论，2008（6）：84-91.
[64] 何克抗. 对美国"建构主义教学：成功还是失败"大辩论的述评[J]. 电化教育研究，2010（10）：5-24.
[65] 何克抗. 对美国《教育传播与技术研究手册》（第三版）的学习与思考之二：关于"复杂性理论"与"技术支持的复杂学习"[J]. 电化教育研究，2013（8）：24-27.
[66] 何克抗. 建构主义的教学模式、教学方法与教学设计[J]. 北京师范大学学报（社会科学版），1997（5）：74-81.
[67] 何文孝. PBL的学习模型研究［D]. 重庆：西南大学，2005.
[68] 何艳红. 基于4C/ID模型的大学公共英语阅读理解能力培养研究［D]. 昆明：云南大学，2012.

[69] 黄小平. 培养高中生历史思维能力的探索[J]. 教育评论，1998（3）：66-67.
[70] 黄欣荣. 复杂性究竟是什么：复杂性的语义分析[J]. 自然辩证法研究，2004（5）：31-35.
[71] 黄欣荣. 复杂性科学的方法论研究 [D]. 北京：清华大学，2005.
[72] 黄越岭，朱德全. 复杂性与情境性的耦合：网络学习评价的新取向及其路径探求[J]. 电化教育研究，2013（7）：47-52.
[73] 江海. 从系统整体论到生成整体论的方法论启示 [D]. 上海：东华大学，2013.
[74] 金士尧，任传俊，黄红兵. 复杂系统涌现与基于整体论的多智能体分析[J]. 计算机工程与科学，2010（3）：1-6，10.
[75] 金吾伦，蔡仑. 对整体论的新认识[J]. 中国人民大学学报，2007（3）：2-9.
[76] 孔维宏，高瑞利. PBL 与高等学校的教学改革[J]. 广州大学学报（社会科学版），2003（4）：77-79，98.
[77] 老任. 浅谈评课的首要标准及历史思维能力分类目标[J]. 历史教学（上半月刊），2014（3）：13-16.
[78] 李臣之，王虹. 校本课程开发的本土味：逻辑、空间与限制[J]. 课程·教材·教法，2016，36（1）：28-34＋44.
[79] 李臣之，王虹. “校本课程”开发：实践样态与深化路径[J]. 教育科学研究，2013（1）：62-68.
[80] 李臣之. 校本课程开发的三个基本问题[J]. 课程·教材·教法，2012（5）：8-14.
[81] 李臣之. 校本课程开发应关注学生的利益[J]. 教育科学研究，2007（3）：38-40，47.
[82] 李臣之. 校本课程开发：一种广义的认识[J]. 课程·教材·教法，2005（8）：18-21.
[83] 李臣之. 校本课程开发：历史、规律与现实[J]. 当代教育论坛，2005（6）：74-77.
[84] 李臣之. 校本课程开发评价：取向与实做[J]. 课程·教材·教法，2004（5）：19-24.

[85] 李臣之. 校本课程开发：实质、策略与条件[J]. 教育导刊，2000（12）：20-23.
[86] 李清莲. 史料运用与学生历史思维能力的培养：以“近代中国自然经济解体”为例[J]. 历史教学问题，2015（5）：138-140.
[87] 李曙华. 当代科学的规范转换：从还原论到生成整体论[J]. 哲学研究，2006（11）：89-94.
[88] 李醒民. 从理论整体论到意义整体论[J]. 湖南社会科学，2003（5）：8-15.
[89] 李秀伟. 中小学校本课程开发的异变问题与改进[J]. 教育研究，2014（5）：107-112.
[90] 梁燕，汪青，钱睿哲，等. 从学生的视角看PBL教学实践的效果和努力方向[J]. 复旦教育论坛，2009（4）：92-96.
[91] 刘冬梅. 简论历史思维能力的培养[J]. 历史教学（中学版），2012（8）：65-67.
[92] 刘冬梅. 简析美国对历史思维能力的分解[J]. 历史教学（中学版），2009（12）：57-59.
[93] 刘海龙. 系统生物学：走向整体论的生物学[J]. 系统科学学报，2009（1）：46-49，92.
[94] 刘劲杨. 构成与生成：方法论视野下的两种整体论路径[J]. 中国人民大学学报，2009（4）：81-88.
[95] 刘劲杨. 论整体论与还原论之争[J]. 中国人民大学学报，2014（3）：63-71.
[96] 刘莉，惠晓丽，胡志芬. 基于PBL理论的工科人才培养途径探究[J]. 高等工程教育研究，2011（3）：104-108.
[97] 刘敏. 生成的超越：系统整体论形态嬗变研究[J]. 自然辩证法研究，2012（8）：102-107.
[98] 刘儒德. 基于问题学习对教学改革的启示[J]. 教育研究，2002（2）：73-77.
[99] 刘儒德. 建构主义：是耶？非耶？[J]. 中国电化教育，2004（1）：16-20.
[100] 刘晓艳. 基于问题的学习模式（PBL）研究［D］. 南昌：江西师范大

学，2002.
[101] 刘欣. 培养学生历史思维能力的途径和方法[J]. 中学历史教学参考，2015 (8)：30-31.
[102] 柳海民，朱成科. 求证现代教育方程的约定解：试论复杂性理论的教育学应用[J]. 教育理论与实践，2004 (7)：1-5.
[103] 鲁艳. 校本课程：概念必须正确理解[J]. 教育发展研究，1999 (12)：19-23.
[104] 马晓彤. 融合整体论与还原论的构想[J]. 清华大学学报（哲学社会科学版），2006 (2)：125-128.
[105] 孟建伟. 还原论和整体论：必要的张力——对当代西方科学哲学方法论的反思[J]. 哲学研究，1997 (8)：32-38.
[106] 苗东升. 复杂性研究的现状与展望[J]. 系统辩证学学报，2001 (4)：3-9.
[107] 苗东升. 论复杂性[J]. 自然辩证法通讯，2000 (6)：87-92，96.
[108] 莫永华，仇雪梅，张际平. 建构主义的澄清与反思[J]. 中国电化教育，2010 (1)：33-36.
[109] 慕景强. PBL 教学法在我国可行性的研究[J]. 医学教育，2003 (6)：37-41.
[110] 欧露梅. 高中历史 PBL 教学模式的建构研究 [D]. 重庆：西南大学，2013.
[111] 沈兰. 课程权力再分配：校本课程政策解读[J]. 教育发展研究，1999 (9)：35-38.
[112] 司晓宏，吴东方. 复杂性理论与教育的复杂性研究[J]. 教育研究，2007 (11)：58-62.
[113] 宋丽华. 历史校本课程开发的理论与实践研究 [D]. 济南：山东师范大学，2006.
[114] 宋学锋. 复杂性、复杂系统与复杂性科学[J]. 中国科学基金，2003 (5)：8-15.
[115] 谭海珠，杨棉华. PBL 教学模式在医学教育中的应用[J]. 医学教育，2005 (5)：48-50.
[116] 王洪明. 复杂性视角下的教育决策机制研究 [D]. 大连：辽宁师范大

学，2008.
[117] 王济华.“基于问题的学习”（PBL）模式研究[J].当代教育理论与实践，2010（3）：98-100.
[118] 王善博. 库恩理论体系的整体论向度及其问题[J].自然辩证法研究，2006（3）：1-4，9.
[119] 王雄. 历史的理解与理解历史：历史教学培养学生历史思维能力试探[J]. 中学历史教学参考，1995（9）：14-15.
[120] 王雄. 培养与发展中学生历史思维能力的教学模式研究[J]. 中学历史教学参考，1997（7）：9-12.
[121] 王子明，孟建伟. 从整体论、还原论到新的整体论：论生物学方法论的革命[J].自然辩证法研究，2015（1）：97-102.
[122] 文兵. 面向复杂性：福柯的后现代知识观[J].首都师范大学学报（社会科学版），2004（2）：35-38.
[123] 文雪，扈中平. 复杂性视域里的教育研究[J].教育研究，2003（11）：11-15.
[124] 吴东方. 复杂性理论观照下的教育之思 [D]. 西安：陕西师范大学，2009.
[125] 吴刚平. 校本课程开发的机遇与挑战[J].教育评论，1999（1）：54-56.
[126] 吴刚平. 校本课程开发的思想基础：施瓦布与斯腾豪斯“实践课程模式”思想探析[J].外国教育研究，2000（6）：7-11.
[127] 吴刚平. 校本课程开发的特点与条件[J].教育研究与实验，1999（3）：28-31，72.
[128] 吴刚平. 校本课程开发活动的类型分析[J].教育发展研究，1999（11）：37-41.
[129] 吴彤. “复杂性”研究的若干哲学问题[J].自然辩证法研究，2000（1）：6-10.
[130] 吴彤. 复杂性概念研究及其意义[J].中国人民大学学报，2004（5）：2-9.
[131] 夏国军. 蒯因整体论：经验论的第四个里程碑[J].自然辩证法研究，2015（3）：3-10.

[132] 夏国军. 生物哲学整体论探析[J]. 广东社会科学，2014（6）：62-69.
[133] 夏国军. 整体论：卡尔纳普、蒯因和戴维森[J]. 南开学报（哲学社会科学版），2014（1）：43-53.
[134] 夏国军. 整体论：哲学人类学研究范式的格式塔转换[J]. 自然辩证法通讯，2015（2）：137-143.
[135] 小威廉·多尔，唐娜·杜伊特，张光陆. 复杂性思维：存在于关系之中[J]. 全球教育展望，2011（5）：3-12，75.
[136] 谢国平. 提高历史思维能力的课堂教学设计[J]. 中学历史教学参考，1996（11）：11-12.
[137] 谢仁恩，陈曙光，李华新. 国内教育领域PBL研究的定量分析[J]. 现代教育技术，2009（2）：30-32，66.
[138] 谢松成. 如何培养高一学生的历史思维能力：我教《"二战"的爆发和初期阶段》的尝试[J]. 中学历史教学参考，1995（9）：16-18.
[139] 徐佳燕，盛群力. 扶放有度，教学有序：一种支架式教学及其实施框架[J]. 数字教育，2016（1）：86-92.
[140] 薛雯. 基于4C/ID模式的大学英语听力理解教学设计研究［D］. 昆明：云南大学，2012.
[141] 阎莉. 整体论视域中的科学模型观［D］. 太原：山西大学，2005.
[142] 杨旭东. 高中选修课的历史比较与现实思考［D］. 济南：山东师范大学，2006.
[143] 叶小兵. 培养和发展学生历史思维能力的教学实践[J]. 历史教学，1991（7）：32-37.
[144] 张良. 从简单性到复杂性：试论我国教学范式的重建[J]. 清华大学教育研究，2013（5）：103-108.
[145] 张清，徐晓. 复杂性理论在教育技术学中的研究分析与评述[J]. 江苏开放大学学报，2014（5）：40-45.
[146] 张水. 蒯因整体论探究［D］. 重庆：西南大学，2010.
[147] 张夏青. 复杂性理论与教育研究范式的新取向[J]. 教育学术月刊，2009（2）：14-16.
[148] 张裕良，任闻斌. 选修课制度实施过程中凸显的几个问题：以浙江省普通高中选修课开设为例[J]. 课程·教材·教法，2008（4）：8-11，57.

[149] 章晶晶. PBL的中学物理课堂教学设计研究 [D]. 长春：东北师范大学，2010.

[150] 赵光武. 还原论与整体论相结合探索复杂性[J]. 北京大学学报（哲学社会科学版），2002（6）：14-19.

[151] 赵光武. 用还原论与整体论相结合的方法探索复杂性[J]. 系统辩证学学报，2003（1）：1-6.

[152] 赵恒烈，冯习泽. 培养创造性历史思维能力：多维历史联想[J]. 课程·教材·教法，1996（8）：27-32.

[153] 支永碧. PBL在中国外语教育中的应用：意义、困境与出路[J]. 外语与外语教学，2009（7）：33-37.

后记

本书是在我的博士学位论文的基础之上修改而成的。博士学位论文在写作的过程中几易其稿，到了整理书稿出版的时候，我又花了不少精力和心思进行修改，对语言表述、书稿中部分观点等都进行了进一步的完善。

再回首论文写作的过程，我经历了多少迟眠之夜。而每当此时，孤独的台灯独自陪伴着我，陪伴着我在安静的夜里读书、写作。渐渐地，我喜欢上了这宁静的夜，享受着这份宁静，在宁静中静下心来思索。

台灯照亮了我黑夜中探索学术的道路。在浙江大学教育学院我非常幸运地遇到了很多老师，他们犹如我在黑夜中学习的台灯，是我学术探索道路上的灯塔，引领我在学海航行。我的导师盛群力教授就是这样一位引领者。他的学术视野之宽广，他对学术前沿把握之精准，让我敬佩。导师这种宽广的视野，让我能够看得更远。导师是一位纯粹的学者，他对学术的那份执着，常常让我感动，也激励着我在学术道路上砥砺前行。师母马兰教授虽然不是我的授业恩师，但对我的关心、教诲同样让我铭记于心、铭感五内。

合作导师浙江大学教育学院刘正伟教授，杭州市教研室特级教师、正高级教师朱可老师在论文开题、论文修改等诸多方面都提供了很多重要建议，对论文的成型、修改、完善具有重要意义。

在浙江大学教育学院学习的过程中，我还有幸学习了多位老师的课程。刘力、刘正伟、肖龙海、张文军、屠莉娅、刘徽、何珊云等多位老师给我们授课，他们的学识学养和学术精神都一直激励着我。学院客座教授美国麻州大学波士顿分校教育学院严文蕃教授给我们集中授课，让我受益匪浅。荷兰马斯特里赫特大学范梅里恩伯尔教授在多次邮件往来之中给我答疑解惑，我一并表示感谢。

在学习期间，我的同门白文倩、毛伟、方向、钟丽佳、管光海等在学术问题理解、学习研讨等多方面给我很多帮助与启发。来自同伴的相互鼓励也是我不断前行的重要动力。

我要感谢我的家人，特别要感谢我的妻子，在我攻读博士学位期间，她承担了家庭事务的几乎所有，她是我学习的坚强后盾。我要感谢我的父母，是他们让我走出了大山，让我看到了外面的世界。他们也把那种面对生活的坚忍的品质遗传给了我。我的儿子、女儿都很乖巧，让我有更多的时间专心学术。

我还要感谢我的工作单位华中师范大学历史文化学院为本书的出版提供资助，让我可以重新审视和完善我的论文，进一步提升其学术价值。

本书是我学术道路上的初步探索，疏漏之处在所难免，恳请读者批评指正。

2021 年 3 月于武汉桂子山